本书是国家社会科学基金艺术学青年项目"动画视阈中的汉传佛教文化"（项目编号：10BC027）的研究成果。

动画响菩提
——佛教动画的文化透视

张启忠 著

中国社会科学出版社

图书在版编目(CIP)数据

动画响菩提：佛教动画的文化透视／张启忠著. —北京：中国社会科学出版社，2019.8
ISBN 978－7－5203－5075－4

Ⅰ.①动⋯　Ⅱ.①张⋯　Ⅲ.①佛教—宗教文化—应用—动画—研究　Ⅳ.①B948②J218.7

中国版本图书馆 CIP 数据核字(2019)第 203990 号

出 版 人	赵剑英
责任编辑	郝玉明
责任校对	张　婉
责任印制	郝美娜

出　　版	中国社会科学出版社
社　　址	北京鼓楼西大街甲 158 号
邮　　编	100720
网　　址	http://www.csspw.cn
发 行 部	010－84083685
门 市 部	010－84029450
经　　销	新华书店及其他书店
印　　刷	北京君升印刷有限公司
装　　订	廊坊市广阳区广增装订厂
版　　次	2019 年 8 月第 1 版
印　　次	2019 年 8 月第 1 次印刷
开　　本	710×1000　1/16
印　　张	13.5
字　　数	188 千字
定　　价	78.00 元

凡购买中国社会科学出版社图书，如有质量问题请与本社营销中心联系调换
电话：010－84083683
版权所有　侵权必究

序言一

宗教文化是人类文明长河中，最扣人心弦的篇章。几大宗教文明，哺育和引导了人类的繁衍和生长。在文明初期，无论是澳大利亚人的图腾崇拜，还是非洲居民的祖先崇拜；无论是古埃及的法术仪式，还是印度历史上的婆罗门思潮；无论是古希腊的阿波罗神，还是古罗马巍然的神殿；无论是释迦牟尼的创教，还是基督教的起源。这些现象无不是人类的生活在宗教中的投影，同时宗教的世界又补充和丰富了人们的精神生活。人类不能漠视宗教文明的存在，因为到今天为止，全球文明区域依然以宗教信仰为标准来进行划分。如美国社会学家塞缪尔·亨廷顿（Samuel P. Huntington）曾提出"文明冲突论"，就以"佛教文化圈""伊斯兰文化圈""基督教文化圈""儒教文化圈"等为区隔。

佛教既是与基督教、伊斯兰教并称的世界三大宗教之一，又是中华传统文化大厦中儒释道三种教义的支柱之一，我们应如何贴近或认识佛教？在社会层面，迄今依然有许多误读。其实，佛教是一种觉性的智慧，所谓佛者，觉也。佛陀就是一个觉悟了的人。他的生活时代与中国的圣人孔子差不多。佛陀不仅悟到了宇宙人生的真谛，而且还将这一真理传播开来，使其福泽人间。佛陀因悟"法"而成道，"法"是一切的核心，是佛教的灵魂所在。佛教中的"法"，其概念就如中国的"道"一样，具有极为丰富的内涵。佛法的中心是缘起法，认为世间一切，皆是随因缘而生，又随因缘而灭。一切事物都是相互依存而有，此生故彼生，此灭则彼灭。空的意义并不是说没有，空的意义在于没有独立常一的自性。佛陀的伟大在于他发现了宇宙人生的真谛，而并不是他发明了什么真谛。佛陀不是神灵，他并不是宇宙的创造者，所以在宗教学领域里也常将佛教称为"无神论"。日月经天，江河行地，这是自然法则，有佛出世，是如此，无佛出世，还是如此。宋代禅师云盖智本曾有诗云："一年春尽一年春，野草山花几度新；天晓不因钟鼓动，月明非为夜行人。"这就是佛法所说的"如如"。所谓"如来"的本意，就是宇宙万物本来那个样子。这就是佛学所追究的"实相"。佛陀在临入灭时，告诉其弟子说，在他死后要依法不依人。所以也有人称佛教为智慧的宗教。

佛教作为一套信仰系统，其文化构成如何推广？这涉及佛教的传播学。我们可以在今天所说的"一带一路"上看到一部完整的佛教传播史。这种传播携带了多元类型，如可视的造型艺术、可读的经典著述、可说的感应故事和可行的仪轨威仪。人们常常将佛教称为"表法艺术"或"像教"。艰深难懂的佛教义理如何向普通民众推广，所谓"正觉大音，响流十方"，依赖的正是全方位、多层面的佛教艺术。佛教艺术非常丰富广泛，有殿堂、石窟、楼阁、佛塔等空间缔造；有塑像、雕刻、铸造等立体造像；有绘画、书法、印经等平面呈现；此外还有转读（咏经）、梵呗（赞呗）、唱导等音乐、歌舞、戏剧等形式。佛教拥有自身独特的视觉艺术、听觉艺术和视听艺术。

佛教传媒艺术是一个渐进的演化过程，既有原生态的独立性，也有传播期的在地性；既有历史的传承，又有现代的创新。随着现代学科的引进，佛教传播也经历了划时代的变化。比如音乐学、美术学、戏剧学、电影学等的介入与变种，特别是今天，多媒体的出现更使佛教这一古老的文明传播面临更多的现代化挑战，如何运用现代媒介更好地诠释并传播佛教的精神、义理、思想，就是一个特别值得探讨的问题。启忠在书中，表达了这样的书写诉求：在众语喧嚣的互联网时代，佛教不能没有自己的"话语"，不能没有自己的"声音"。佛教的"声音"不可能是唯一的一种，但至少是许多种"声音"的一种。而佛教动画，正是佛教在现今互联网时代弘法利生的主流方式。

我们回顾现代佛教传媒的探索，可以《护生画集》为例。在近现代佛教普及性读物中，《护生画集》是比较广泛流通的一种，被赵朴初先生称赞为"佛教艺术的佳构"。此套书浸润了近代高僧弘一法师与其弟子丰子恺无量的心血，也包括了其他参与《护生画集》创作、编辑、流通的广洽法师、李圆净、虞愚、朱幼兰、叶恭绰等佛门高僧和大德居士的努力。当年为什么要创新运用漫画的方式来表达呢？弘一法师明确指出："发愿流布《护生画集》，盖以艺术作方便，人道主义为宗趣，须多注重于未信佛之新学家一方面，推广赠送。故表纸与装订，应注意新颖醒目，俾阅者一见表纸，即知其为新式之艺术品，非是旧式的劝善书。"在弘一法师的设计中，《护生画集》的主要目标受众不是佛门弟子，而是普通社会文化人群。他在给丰子恺的信中说："今此画集编辑之宗旨，前已与李居士陈说。第一，专为新派智识阶级之人（即高小毕业以上之程度）阅览。至他种人，只能随分获其少益。第二，专为不信佛法，不喜阅佛书之人阅览（现在戒杀放生之书出版者甚多，彼有善根者，久已能阅其书，而奉行惟谨，不必需此画集也）。近来戒杀之书虽多，但适于以上二种人之阅览者，则殊为希有。故此画集，不得不编印行世。能使阅者爱慕其画法崭新，研玩不释手，自然能于戒杀放生之事，种植善根也。"因为目标受众设定为新派知识分子，所以，《护生画集》特别注重形式的艺术性、表达的新颖性。弘一大师特别强调艺术的感染力："此画集为通俗之艺术品，应以优美柔和之情调，令阅者生起凄凉悲悯之感想，乃可不失艺术之价值。"这可以作为我们探讨新媒体表达的一个借鉴案例。

今天已是一个文化交流互鉴、信息反馈直通的网络时代，佛教文化的受众面同样发生了翻天覆地的变化，人们在变化莫测的世象面前，开始寻找信仰的寄托与文化的回归，精神家园与寻梦成为时尚。佛教除了在寺院道场中以传统的方式继续弘扬之外，另一种更为青年人喜闻乐见的形式正在悄然兴起，那就是网络佛教、新媒体佛教。掌上电脑的出现、智能手机的普及对社会是一场变革，对佛教的传播同样有巨大的冲击与启发。在这样一种时代帷幕下，佛教动画艺术的流行就成为一种必然。

启忠在书中说："在信息时代和视觉化时代，佛教要适应现代社会的剧变、快节奏及信息汲取、传播方式的网络化，佛教动画必然成为佛教传播的主流方式。假定性、夸张性等动画的特征契合佛教的义理思维，加速了佛教动画的制作与网络传播。佛教动画传播不仅是佛教教义的形象化与通俗化，也是传播中国传统文化的载体之一。"这样的愿景如今正在徐徐展现。

我对影视传媒完全不懂，不能对启忠博士的专业研究妄加评论，感恩有此因缘，写下以上感受。相信本书的出版对中国佛教动画艺术的推进将有重要的开创意义，使对这一领域与世界佛教艺术创新的对话成为可能。启忠博士心性纯净，愿力宏深，自律坚韧，祝福他在未来的学术征程中，初心莫忘，步月登云。

中国人民大学教授、博士生导师　温金玉
丁酉年三十于京西世纪城时雨园梅馨屋

序言二

启忠的又一新作《动画响菩提——佛教动画的文化透视》令我颇为欣喜。这个憨厚朴实的年轻人，竟然有如此敏锐的学术眼光，申请到了这一国家社会科学基金艺术学项目。

佛教近乎两千年的中国本土化对中国文化产生了极其深远的影响。可以说，不懂得佛教，就不懂得中国文化史；不了解佛教文化，也就不可能懂得中国文化。

面对当下中国动画业与世界动画强国的差距，我辈当然不能气馁，更要发奋图强。但也需要智慧，需要心态平和，开动脑筋，一味地牢骚抱怨也是一种无能的表现。而启忠几年前就率先将目光投向佛教文化上，提出动画创作者要汲取佛教文化的智慧与营养，确实是十分可贵的。为此，启忠数年来披星戴月，不辞劳苦地进行了大量的学习、考察、研究与论证，初步完成了既定目标。我以为，鉴于启忠所选择的这一课题的意义重大，希望启忠能够不忘初心，除了今后继续研究与完善，也可以从不同的侧面或领域形成系列，其结果也将会很有价值，为中国动画业的振兴再作贡献。

佛教文化博大精深，单就面对浩如烟海的佛教文献，就可知年轻的启忠是何等模样。无疑，本书今天的成果尚有很多不足，还有不少地方值得商榷探讨，但启忠这种勇于探索和踏实肯干的精神，值得钦佩，值得学习。

中国传媒大学教授、博士生导师 路盛章
2017 年 12 月 23 日

目　　录

前　言 ……………………………………………………… (1)

第一章　绪论 ……………………………………………… (1)
　　一　"佛教动画"概念的界定与研究现状……………… (1)
　　二　研究意义 ……………………………………………… (3)
　　三　研究方法 ……………………………………………… (13)
　　四　样本的选取 …………………………………………… (17)
　　五　创新之处 ……………………………………………… (18)
　　六　佛教与动画的关系 …………………………………… (21)

第二章　佛教动画兴盛的文化透视 ……………………… (34)
　　一　引"萌"文化入佛教传播 …………………………… (34)
　　二　佛教动画的涌现 ……………………………………… (36)
　　三　佛教文化传播兴盛的社会原因 ……………………… (37)
　　四　动画契合了佛教义理的意象思维 …………………… (40)
　　五　佛教动画的文化功能 ………………………………… (41)

第三章　动画电影叙事中的"佛语" …………………… (49)
　　一　儿童寻找亲人的故事架构 …………………………… (49)
　　二　历史元素对画面符号的锚定 ………………………… (53)
　　三　人、动物、神的转换与融通 ………………………… (54)

四　佛教艺术形象介入叙事 …………………………… (57)

第四章　佛教与动画叙事空间 ………………………… (61)
　　一　动画叙事空间的类型 …………………………… (62)
　　二　动画叙事空间的塑造 …………………………… (73)

第五章　动画角色的变体、再生与轮回 ……………… (80)
　　一　杂耍的动画体现 ………………………………… (80)
　　二　人工智能的变体 ………………………………… (84)
　　三　动画角色的生命与佛教生死观的相通性 ……… (89)

第六章　神秘的动画空间 ……………………………… (92)
　　一　空间符号需要文化的复活 ……………………… (94)
　　二　动画空间中文化符号的再生 …………………… (98)
　　三　心存敬畏的生命观 ……………………………… (102)
　　四　佛教建筑的寓意 ………………………………… (103)
　　五　死亡空间的神秘性 ……………………………… (103)

第七章　佛教与动画角色的塑造 ……………………… (107)
　　一　菩萨行 …………………………………………… (107)
　　二　"有漏皆苦"与矛盾编织 ……………………… (109)
　　三　善良与救赎 ……………………………………… (111)
　　四　涅槃 ……………………………………………… (113)
　　五　无常与劫难 ……………………………………… (117)
　　六　童心与赤子之心 ………………………………… (120)
　　七　高僧大德的美德与动画角色 …………………… (122)

第八章　佛教的灵异与动画的通灵 …………………… (124)
　　一　巫术与通灵 ……………………………………… (124)

二　动画通灵的样式 …………………………………（136）
　　三　通灵的神话思维 ………………………………（140）

第九章　佛教公案与动画台词 ………………………（154）
　　一　公案的语言特征 ………………………………（157）
　　二　灵犀与幽默 ……………………………………（162）
　　三　对境与意味 ……………………………………（164）
　　四　清新与励志 ……………………………………（167）
　　五　语言的洗练与简约 ……………………………（170）

第十章　佛教文化与动画创作者的资禀 ……………（174）
　　一　对于动画之为变形的质疑 ……………………（175）
　　二　机巧与功夫 ……………………………………（179）
　　三　宗教情怀与审美 ………………………………（181）
　　四　童话需要展示内心真实 ………………………（184）
　　五　童真可以成为透视成人世界的棱镜 …………（188）

参考文献 ………………………………………………（191）

后　记 …………………………………………………（199）

前　言

　　时光荏苒，七年的时光悄然流逝。2010 年，我申报的国家社会科学基金艺术学青年项目"动画视阈中的汉传佛教文化"，获得批复。我曾发愿，一定青灯明月相伴，尽可能多地博览佛教典籍，静心修行，悲智双修，梦想达到一个极目四望、月涌大江流的寥落境界。

　　2012 年 4 月，因缘巧合，我有幸旁听了中国人民大学哲学院佛教与宗教理论研究所温金玉老师讲授的课程《解读〈金刚经〉》，身处逆境的我倍感欣慰，而且在听课过程中，总有灵光乍现的惊喜。但是，遗憾的是，以后就再也没有时间前去聆听教诲了。于是，我只能苦读《大方广佛华严经普贤菩萨行愿品》《般若波罗蜜多心经》《地藏经》《妙法莲华经观世音菩萨普门品》《地藏菩萨本愿经》《六祖法宝坛经》等典籍，并阅读南怀瑾、赵朴初、杨曾文、周叔迦等大德的著作，以及《杨仁山传》《大唐大慈恩寺三藏法师传》《弘一法师传》等。

　　2014 年 7 月，我结束了美国布朗大学为期一年的访学，回国需要在华盛顿转机，为了减少托运费，我将二十多本书，放进了双肩背包。其中，就有南怀瑾先生著《楞伽大义今释》。

　　访学归来后，每天受生活琐事的羁绊，几年下来，对于佛教教义的感悟，依然是雾里看花。后来，在翻阅吕澂先生的《中国佛学源流略讲》的"出版说明"时，才知道"佛学传入中国后，同中国本土文化相交融，经不断发展蔓延，形成独具特色的中国佛学体系。它宗派林立、内容繁富、卷帙浩瀚、论述烦琐，令人难以识其底蕴。加之早期佛典并不是从印度直接传来，而是经由当时的西域辗转传译的，译人、译地、译时不一，前后说法矛盾，学说源流不明，这就更加令人眼花缭乱"[1]。这多少让心绪焦灼的自己有了一点宽慰。即便如此，佛教文化的熏陶，还是潜移默化地荡涤着我的身心，让我面对尘世的各种压力，都能很快地释怀。每当心情枯寂的时候，捧读佛教书籍的感受，真如刘勰在《文心雕龙·神思》中所言："是以陶钧文思，贵在虚静，疏瀹五藏，澡雪精神。"有时候，阅读佛教经典，不知不觉，已经是神清气爽了。因为，如裂寒或者酷热般的"我执"念想渐渐消退了。

动画，是人类童话、神话演进之后的又一个展示幻想的新样式，是人类心理与生命体悟的蕴藏与折射。对佛教文化与动画进行对照与类比，目的在于激励国产动画创作者，以虔敬的态度，汲取佛教文化的智慧，以出世的解脱与入世的慈悲的生命体验，生发出振奋人心的动画作品。

关于书名《动画响菩提》，是因为我从高中时，就喜欢唐朝虞世南的《蝉》：

垂绥饮清露，流响出疏桐。
居高声自远，非是藉秋风。

古人认为蝉生性高洁，栖高饮露。"垂绥"指的是古代官帽打结下垂的部分，也指蝉的下巴上与帽带相似的细嘴。蝉，在烈日炎炎的夏季，将长长的嘴巴插入枝杈后，一边乘凉，一边吸着汁液，一边兴奋地、欢快地鸣叫，而且，一只只蝉的叫声，是此起彼伏的。虽然到了秋季，蝉的生命，就将近尾声了。然而，它们依然在轻轻地吸吮露水的同时，一声声地鸣叫。在万物萧索的时节，偶尔，还能

---

[1] 吕澂：《中国佛学源流略讲》，中华书局2017年版，出版说明，第1页。

前　言

听到它们的鸣叫，也能够让人忘却秋凉。它们的绵细而又脆响的叫声，是因为站在了高高的、叶子稀疏的梧桐树上，而不是依靠凌厉的秋风，这种自信与爽快，让我一直心生敬意。

如果说，佛教文化是一棵枝繁叶茂的梧桐树。但愿，本书是一只蝉，尤其在国产动画票房需要提振的情况下，源远流长、博大精深的佛教文化将有助于动画创作者认识到，创作不是一个浮躁的转换，而是一个"生若灿花"般的生命体悟的淬炼过程，只有这样，国产动画才能真正唱出一声流响。

当我撰写此书的时候，褒贬不一的《大护法》问世了。《大护法》自 2017 年 7 月 13 日影片登陆国内院线以来，在好评与非议齐飞并存的态势中，票房稳步上涨。截至 7 月 19 日，票房累计突破 5000 万元。

好评言论肯定了该片的水墨山水意境，非议者则认为该片过于暴力，以至于限制 13 岁以下的观众观看。其实，好评与非议的观点并非锋利的对峙，而是针对该片不同方面的品评。确实，该片的暴力及对 13 岁以下的观众的限制，影响了该片票房的提振速度。但是，这不影响该片在国产动画的历史进程中的探索性地位。因为，该片攘取了佛教的"护法"概念，进行了玄幻的演绎。该片，也许只是佛教文化通过动画形式，再度通俗化表述的一次尝试吧。

第一章 绪论

一 "佛教动画"概念的界定与研究现状

1980年以后,世界范围内、票房较高的基督教题材的故事片就有20部。相对而言,佛教题材的电影就少之又少。可以说,受困于资金、人才与技术,佛教传播在利用现代科技方面已经远逊于时代。但随着数字技术与互联网技术的迅猛发展,佛教动画也飞速发展。与佛教的"像教"特性一脉相承的佛教动画,加速了佛教的全球化传播。

首先,"佛教动画"概念的界定,本书并未拘泥于佛教题材的动画,而是定位于包含、展示或者转译了佛教文化的动画,包括电视动画、影院动画、网络动画等。本书所指的"佛教动画"的外延,蕴含了一切涉及佛教历史、仪轨、艺术、高僧大德的事迹等的动画。可见,"佛教动画"是泛佛教文化动画的统称,高僧大德的传记、佛经的动画展示、佛教小说的动画化等都是佛教动画中的一个类型而已。进行如此宽泛的界定,原因在于,佛教文化是由佛教诸意识形态因素互相联系、互相制约而构成的整体,本身就包罗万象,"佛教文化体系是一种有机的结构体,其间包含着丰富而复杂的内容,表现出特定的功能。就内容的重要类别来说,有神学、哲学、道德、文献、文学、艺术、科学和社会心理,也就是说,这些是构成佛教文化体系的基本内容"①。"佛教文化经过印度、中国、朝鲜和日本等国家的长期流传演变，形成若干流派。每一流派有许多学说，不同流派有不同的学说，同一论题有不同的学说。在如此纷纭复杂的学说中，又有许多观念、观点、范畴、命题，是文化内部的元素、单元，构成文化的基本元素。"②博大精深的佛教文化对中国传统文化的影响遍布了哲学、建筑、文学、艺术及民俗等，至今，佛教文化依然生机勃勃。鉴于此，如果将佛教动画仅仅限定于佛教题材的动画，俨然是犯了"削足适履"的歧误。

其次，动画，作为一种大众娱乐方式，其题材的选取、故事的编撰，有着自身的规律，更有着市场、票房的制约，如果仅仅限定于佛教题材，则佛教动画的观众必将是"小众"，其影响力也必然受限。可见，本书中"佛教动画"的限定，适应了动画的市场性，更贴合了佛教文化的广延性。有反诘者质疑，如此界定的"佛教动画"，是否会纵容一些披着佛教外貌的动画，其内在的精神会与佛教精神相悖。其实，切分了外在与内在的关系后，如果内在存在着与佛教精神相悖的动画作品，本身就已经被排除在佛教动画之外，因为，佛教动画的基点是，肯定佛教的基本精神，与其相悖的内容，已经远离了佛教动画的应有之义。

最后，佛教文化处于世俗文化中，佛教文化需要适应时代的挑战而不断地深化和完善，甚至需要回答各种具有挑战性的问题。至此可知，佛教动画的宽泛界定，应和了动画的特性与佛教的文化属性。

当然，需要着重强调的是，在佛教动画中，佛教文化需要占据一部分主体比例。日本的《佛陀》（2010年）、韩国的《五岁庵》（2004年）、泰国动画电影《小战象》（2008年）都曾经风靡世界，

---

① 方立天：《中国佛教文化》，《方立天文集》第7卷，中国人民大学出版社2012年版，第130页。

② 方立天：《中国佛教文化》，《方立天文集》第7卷，中国人民大学出版社2012年版，第134页。

本书将之划归为佛教动画。反之，美国的《阿凡达》（2010年），虽然也借用了万物一体、心灵感应的佛教理念，但是，这种"传神"，只是其中的一个叙事手段，不占据主体的比例，因而，不属于佛教动画之列。

关于国产动画的研究专著，有颜慧、索亚斌的《中国动画电影史》①，华东师范大学肖路的《国产动画电影传统美学特征及其文化探源》②；博士学位论文有武汉理工大学曹亚丽的《动画影像理论研究》③，中国传媒大学葛玉清的《动画电影叙述艺术》④ 等。这些研究成果，定位于历史、美学、叙事等学科范围，还不是从汉传佛教文化角度透视佛教动画的著作和研究。

二 研究意义

（一）佛教文化既是"丝绸之路"的积淀，也是"一带一路"的文化资源

自古以来，连接中土、中亚、西亚、欧洲的"丝绸之路"，不仅是古代中外贸易的陆地和海上线路，也是东西方之间融合、交流和对话之路，还是一条宗教文化传播交流的通道。法显大师、昙摩耶舍法师、菩提达摩祖师、玄奘大师、义净大师等，高扬着舍生取义、舍身求法、舍我其谁的精神，披荆斩棘、舍生忘死地跨越天险，使佛教参与了中外文化交流。

佛学博大精深，自汉代传入中国已经两千余年，成了中国传统文化的重要组成部分。"中国传统文化的结构也不是一成不变的。即以这个系统的主导思想而言，它自身及与各种相反相成的子系统

---

① 参见颜慧、索亚斌《中国动画电影史》，中国电影出版社2005年版。
② 参见肖路《国产动画电影传统美学特征及其文化探源》，上海人民出版社2008年版。
③ 参见曹亚丽《动画影像理论研究》，博士学位论文，武汉理工大学，2007年。
④ 参见葛玉清《动画电影叙述艺术》，中国传媒大学出版社2010年版。

的关系就在不断地变动。两汉儒学衰，魏晋玄学兴；魏晋玄学衰，佛、道二教盛；隋唐时期儒、释、道三教鼎立；宋元明'新儒学'重执思想界之牛耳，佛道由盛转衰；清代处于官方统治地位的程朱理学僵化，而朴学盛极一时。这些情况都表明，中国传统文化的结构在基本不变中也有变动。儒家思想只是在与各种思潮的斗争中，保持住主导地位。"① 而且，博大精深的中国传统文化的基本精神也是一个包含诸多要素的统一体，主要包括刚健有为、崇德利用和天人协调。② 而这些精神在佛教文化中，也是得以传扬的。佛教文化对于中国哲学、文学、建筑、生活和语言的影响，可谓源远流长。

如今，中国文化在世界传播并形成软实力，需要包括佛教文化、儒家文化、道教文化等在内的中华传统文化的传播。而佛教动画，则起到了提振国产动画与推动佛教文化传播的双重作用。佛教动画，不仅可以拓展动画电影的题材与角色设计，丰富动画角色的人文情怀，提高动画电影的传统文化的内涵，还有助于观众吸取佛教慈悲为怀的精神和净化心灵的方法，促进身心健康，养成扶危济困、助人为乐等道德品质。

（二）佛教文化在欧美的跨文化传播

佛教文化在美国的传播始于1893年，最早的传播者分别是日本临济宗的洪岳宗演、斯里兰卡的佛教学者达摩帕拉，二人一同参加了当年在芝加哥举办的世界宗教大会。1961年，宣化上人在旧金山成立了金山寺和世界佛教总会。"传入美国的禅宗基本上是一种中国禅与日本禅的混合体。在文化传播媒介、硬件与仪式上，如传法的禅师、道场的建筑、禅堂内部的设置、早晚课的仪式细节、打坐的方法等皆以日本式为多。但在英译的禅宗文本上，绝大部分

---

① 张岱年、程宜山：《中国文化精神》，北京大学出版社2015年版，第143页。
② 参见张岱年、程宜山《中国文化精神》，北京大学出版社2015年版。

属中国禅的传统,包括美国禅院研习的佛经是直接由中文译为英文的中国历代禅师之公案和偈子。在美国影响深远的古代东亚禅师之中,只有一两位是日本人,如日本禅师道元永平(1200—1253年),其他都是中国禅师,如慧可、慧能、赵州、百丈怀海等。即使是道元,当年他传下来的也是他在中国学到的曹洞宗禅法。美国作家吸收的禅文学,绝大部分是中国诗僧及居士诗人所写的禅诗,小部分是日本的禅僧之诗与俳句。中国的禅宗经典、中国禅文学大抵间接传入美国,是通过英文译文,有些是由日本的禅学学者介绍,或日本禅师所介绍,但更多是直接由中文译为英文的。"[①] 至今,已经100多年,禅宗流布甚广。据统计,"1987年美国各地的禅院、禅中心多达429所,到1997年已增加到1062所,发展速度非常快。以上这些中心的主持人与信众绝大多数是中产阶级出身的欧、英、犹太裔美国人,因此到了20世纪90年代可以说禅宗在美国已经相当本土化了"[②]。以此观之,"功夫熊猫"系列中的佛教故事、思维、台词、角色设计、场景等,具有中国佛教文化的韵味,不足为奇。

而且,佛教文化在欧美传播的过程中,形成了各自的特点。法国学者弗雷德里克·勒努瓦(Frédéric Lenoir)1999年在国际哲学和人文科学理事会下属的刊物《第欧根尼》上刊文《佛教在西方的接受》并指出,"如果说西方的佛教面貌本质上是混杂的和经过重新诠释的,有时甚至是同佛陀的基本教义相矛盾的,那么能否——在这种普遍趋势内部——说存在着不同于德国或者美国佛教的法国佛教的特殊?我们可以指出一些不同的感性特征。比如说,美国的佛教徒对于参禅的形式十分向往,因为他们可以毫不费力地把形形色色的个人信仰嫁接到这种审慎的静思实践上去。英国人对

---

① 钟玲:《中国禅与美国文学》,首都师范大学出版社2009年版,第4—5页。
② 钟玲:《中国禅与美国文学》,首都师范大学出版社2009年版,第35页。

禅宗及上座部佛教特别感兴趣，毫无疑问，其部分历史原因在于新教同这种相当朴实和带有伦理色彩的佛教形式颇为相近。法国人、西班牙人和意大利人推崇藏传佛教，其原因在于藏传佛教同天主教有着近缘因素。因此，西方人从一种被看作理性的和实用的因而是现代的学说所具有的共同吸引力出发，走向一种比较接近他们的情感的佛教文化形式，然后以他们的观点和需要来加以矫正"①。佛教在西方各国的传播存在着差异，但是这也从侧面说明了佛教传播历史的悠久及文化适应性，而这也正是文化在传播过程中必然出现的现象。

佛教文化在国际传播的过程中，极具活力和适应性。本书引述一份关于万字符传播历史的文化考证，也许能够加深我们关于佛教文化生命活力和交融性的认知。2009 年，陈剑光以考古学为依据，结合历史、地理、宗教等学科，梳理了万字符和莲花符号的历史渊源，撰文《中国景教中的莲花和万字符——佛教传统抑或雅利安遗产？》指出，莲花和万字符如今已是佛教的符号和标志。"在古埃及，莲花是一种具有象形特征的，被称为'Seshen'，是很流行的花。因为莲花是早上随着太阳的升起而开放，随着夜晚的来临而闭合，所以，古埃及人相信，莲花象征着组合、复兴与重生。同时也象征着死而后生，或复活重生，由此它经常在墓穴的雕刻图案上出现。"②作者还引用附有叙利亚语的亚述教陵墓铭文及其图案，指出"我们可以注意到莲花标志既位于十字底部也存在于十字中间，这是很重要的，而字作为波斯的文化遗产本身同佛教是没有任何关联性的。这些图片表明，莲花作为宗教的一个标志，被波斯人和埃及人使用远远早于基督教、佛教和印度教，并且，在波斯，它也是作为景教徒的一个标志符号被使用，

---

① [法] 弗雷德里克·勒努瓦：《佛教在西方的接受》，载中文精选版编辑委员会编选《圣言的无力》，陆象淦译，《第欧根尼》，商务印书馆出版 2007 年版，第 115 页。
② 陈剑光：《中国景教中的莲花和万字符——佛教传统抑或雅利安遗产？》，载王志成、赖品超主编《文明对话与佛耶相遇》，社会科学文献出版社 2012 年版，第 22 页。

代表了重生、生命和复活。它与十字一起使用则表示基督教中的活与拯救"①。陈剑光指出，中国的万字符最早可追溯到新石器时代，而伊朗西南部一个大理石的万字符石刻，是刻于公元前4000年前，被纳粹当作雅利安主义的纳粹标识。我们无意对佛教、基督教标志符号的出现先后进行探讨，而是意在进一步增强对佛教传播、融合和发展的历史复杂性的认知。

（三）注重生命关照的佛教文化，有助于个体的自我救赎

佛教注重生命的终极关怀。张立文主编的《空境——佛学与中国文化》一书的前言中说"佛学说到底是对于宇宙万有由何而生起，依何而存在，人的生命从哪里来、到哪里去，人生的价值何在，生命意义是什么等的关怀"②。更令人惊叹的是，"佛教对死亡的生理和精神过程多有述及，不仅令佛教与现代医学之间形成对话基础，还令佛教与当代社会大众关注的一系列死亡议题、新兴的死亡研究，乃至指导个体和家庭处理死亡问题等诸多方面，形成一个相当广阔的对话平台"③。在战争频仍、生命朝不保夕的东晋十六国和南北朝时期，佛教的生死观，帮助人们从各种可能的伤害中解脱出来，帮助生者把握了从有限走向无限的可能性，明确提出了死亡不可避免，需要当事人独立承担的冷峻命题。人生是苦的生命观，不是逃避，而是一种担当。"佛教以其特有的生命观为支撑，以业报理论为生命动力，刨根究底，由探询个体死亡的原因一直追溯到生命的原初成因。佛教对死亡的解析包括濒死期、死亡刹那、死后意识及死后生命四个部分，涉及临终前后身心的细微变化。佛教由此得出死亡之'体'和死亡之

---

① 陈剑光：《中国景教中的莲花和万字符——佛教传统抑或雅利安遗产？》，载王志成、赖品超主编《文明对话与佛耶相遇》，社会科学文献出版社2012年版，第25页。
② 张立文主编：《空境——佛学与中国文化》，人民出版社2004年版，前言，第2页。
③ 海波：《佛说死亡——死亡学视野中的中国佛教死亡观研究》，陕西人民出版社2008年版，导读，第1页。

◆ 动画响菩提 ◆

'相',为消解人类追求永生的本能和客观必死的现实之间的深刻矛盾作出理论贡献"①。可以说,佛教勾勒了个体生命的整体流程及心理的精微之处,这有助于动画创作者对动画角色的生命的塑造及命运的安排。

  有人说,倡导"人生是苦"的佛教人生观过于悲观,如何能激发动画角色的生命抗争能量、推动矛盾递进呢?应该讲,世俗对佛教的误解,部分源于印度佛经在中国的传译和讲习过程中产生的些许歧误。例如,关于"如性"这一概念,"当初译为'本无'。现在考究起来,这是经过一番斟酌的。'如性'这个概念来自《奥义书》,并非佛教所独创,表示'就是那样',只能用直观来体认。印度人已习惯地使用了这一概念,可是从中国的词汇中根本找不到与此相应的词。因为我国古代的思想家比较看重实在,要求概念都含有具体的内容,所以没有这类抽象含义的词。所谓'如性'即'如实在那样',而现实的事物常是以'不如实在那样'地被理解,因而这一概念就有否定的意思:否定不如实在的那一部分。所以'如性'也就是'空性',空掉不如实在的那一部分。印度人的思想方法要求,并不必否定了不实在的那部分以表示否定,只要概念具有否定的可能性时就表示出来了。所以佛教进一步把这一概念叫作'自性空''当体空'。从这个意义来说,译成'本无'原不算错。而且'无'字也是中国道家现成的用语。要是了解'本无'的来历,本来不会产生误解。但这种用意只有译者本人了解,译出以后,读者望文生义,就产生了很大的错误。最初把这一概念同老子说的'无'混为一谈,以后联系到宇宙发生论,把'本'理解为'本末'的'本',认为万物是从'无'而产生。这一误解并未因它的译名重新订正而有所改变。例如,以后'本无'改译成'如如''真如'等,反面错上

---

  ① 海波:《佛说死亡——死亡学视野中的中国佛教死亡观研究》,陕西人民出版社2008年版,第60页。

加错，以至于认为是真如生一切。这种不正确的看法，代代相传，直到现在"①。

除此之外，就是一些人对于佛经的望文生义的误解所致。印顺法师曾经在《切莫误解佛教》一文中指出佛教中"苦"的真正所指。"经上说'无常故苦'，一切都无常，都会变化，佛就以无常变化的意思说人生都是苦的。譬如身体的健康并不永久，会慢慢衰老病死；有钱的不能永远保有，有时候也会变穷；权位势力也不会持久，最后还是会失掉。以变化无定的情况看来，虽有喜乐，但不永久，没有彻底，当变化时，痛就来了。所以佛说人生是苦，苦是有缺陷、不永久、没有彻底的意思。学佛的人，如不了解真义，以为人生不圆满彻底，就会产生消极悲观的态度；真正懂得佛法的，看法就完全不同。要知道佛说人生是苦这句话，是要我们知道现在这人生是不彻底、不永久的，知道以后才可以造就一个永久圆满的人生。……为什么人生不彻底、不永久而有苦痛呢？一定有苦痛的原因存在，知道了苦的原因，就会尽力把苦因消除，然后才可得到彻底圆满的安乐。所以佛不单单说人生是苦，还说苦有苦因，把苦因除了，就可得到究竟安乐。"②可见，佛教倡导的是一个究竟圆满的人生，达到常乐我净的境界，而非彻底否定人生的喜乐的相对性。

其实，对于佛教的误解还有很多，例如，认为"忍辱"就是忍气吞声，"出世"就是远离尘世的修行，"因果轮回"就是命定论。对此，巨赞法师曾经有过精辟的雅论，"忍辱"，"其梵音是'羼提'，唐玄奘以为'安忍'，定义为'于诸艰难、危苦、凌虐、侮辱等境，及诸深广殊胜法义，顺受不逆，坚持为性。言顺受不逆者，于艰苦境，无怨尤故；于诸凌侮，无恼恨故；于深法义，顺信入故。言坚持者，于自愿行诸胜善法，坚固持守，不因

---

① 吕澂：《中国佛学源流略讲》，中华书局2007年版，第3—4页。
② 释印顺：《佛法是救世之光》，中华书局2011年版，第189—190页。

艰苦危逆等境而退失故：是为安忍'。然安忍，并非是学习娄师德的唾面自干，而是要我们在艰难困苦及被凌辱的地方把握得定。不明佛教明理者，望文生义，以讹传讹，把佛教形容为一个软弱无能的姿态了"①。

"出世"，也容易被误解。"既是可以理解为出世间，也可以认为是逃避现实。佛教以'苦痛烦恼'为世，解除了苦痛烦恼即是出世。譬如'苦集灭道四谛'中，'苦''集'二谛是世间，'灭'是出世间，'道'是从世间过渡到出世间的桥梁，而'集'谛是世间一切'烦恼杂染'的总名称，'苦'集二谛通过'道'谛到达了'灭'谛，并非把一切的世间悉行毁灭，而是把苦痛烦恼消灭了，剩下的是安乐庄严的情景世间。佛教称之为佛土。则'出世'一语，乃'控制自我、主宰因果、把握生死、创造更高的生命之谓。并无逃避现实及其他消极的成分在内。'"②"出世"是出离"有漏系缚"，并非消极无为。

至于"因果轮回"，巨赞法师认为，"因果轮回，是佛教的一个宝藏，但是，佛教的本质是'无我'，佛教自始就是反对命定论的，一般人怕死后或者未来生命的堕落，而又不知道佛教的真精神，就不能不为因果轮回的观念所束缚而变为一个命定论者。命定论者盲目地听从因果的安排，丝毫不能发挥人类最宝贵的精神——主观能动的积极性，自然就消极退堕，死气沉沉了。这是我国佛教徒的通病，事实俱在，无可否认，所以称之为庸俗"③。"佛教原来具有的积极救世的思想被弱化，源于封建社会是少数统治阶级统治大多数人的社会机制，以前世不修、此世受苦的命定论思想，只谈个人内心冷暖自知的修养，以及鼓励清高、崇尚方外等思想是便于

---

① 巨赞：《论佛教的爱国主义》，载朱哲主编，李千、马小琳副主编《巨赞法师全集》第2卷，社会科学文献出版社2008年版，第787页。
② 巨赞：《论佛教的爱国主义》，载朱哲主编，李千、马小琳副主编《巨赞法师全集》第2卷，社会科学文献出版社2008年版，第787页。
③ 巨赞：《论佛教的爱国主义》，载朱哲主编，李千、马小琳副主编《巨赞法师全集》第2卷，社会科学文献出版社2008年版，第961页。

统治阶级的愚民政策。"①

巨赞法师激浊扬清的论述，匡正了佛学源流。可见，倡导"烦恼即菩提"的佛教文化是激励人们不断精进，以大悲心来救助众生的。其与动画角色的要求不仅并行不悖，相反，佛教文化将会深化动画创作者对动画角色的心理、行为、命运的理解。除了上述价值外，在动画艺术方面，佛教动画也颇具借鉴意义。

1. 佛教文化题材对国产动画的影响

汉传佛教文化对中国动画电影的影响，最早始于万籁鸣兄弟于1940年创作的《铁扇公主》。该片直接取材于宣扬佛教思想的《西游记》。中华人民共和国成立后，佛教动画依然不断问世，例如《大闹天宫》《哪吒闹海》《九色鹿》《三个和尚》等都取材于佛教文学或者敦煌壁画。

2. 佛教与视听艺术的近缘性

佛教的壁画、变文、音乐、诗歌、绘画、佛塔等诸多艺术形式，促进了佛教传播的形象化与通俗性。"艺术是佛教与中国传统文化关系最密切的领域，可以毫不夸张地说，哪里有佛教，哪里便有艺术。宗教与艺术在价值观念、思维方式、情感体验和表现手法等方面有许多相似相通之处。宗教需要通过自身的具有审美潜在力的艺术展示来显现自身的存在，因此佛教也需要艺术，没有艺术活动，它的生命也就终止了。"② 佛教艺术可以视作佛教哲学的形象化，这与动画的创意思维相通。

归属于视听艺术的动画，与佛教艺术也有着相同的特性。中国社会科学院学者王志远在其专著《中国佛教表现艺术》中，将宗教艺术分为造型艺术和表现艺术，"前者基本以静止的形态出现，需要受众具备主观的审美要求，涵盖了绘画、雕塑、建筑及工艺美术

---

① 巨赞：《再谈关于佛教徒的信仰问题》，载朱哲主编，李千、马小琳副主编《巨赞法师全集》第2卷，社会科学文献出版社2008年版，第964页。

② 方立天：《中国佛教文化》，《方立天文集》第7卷，中国人民大学出版社2012年版，第144页。

等；后者基本以运动的形态出现，对于受众具有主动的审美感召，涵盖了念诵、仪轨、经忏、对白、音乐、舞蹈、杂技、幻术、戏曲、戏剧等，如果用古典的概念表达，还应该包括转读、俗讲等多种形式。书法作为中国特有的艺术形式，与宗教有不解之缘，既具象又抽象，但其归根结底要以静止的形态出现，因此最终归结为造型艺术"①。而伴随着音乐、唱诵、动作、对白等元素的造型艺术，本身就属于视听艺术。另外，王志远还提出，中国佛教表现艺术的独特形式之一是"行为魔幻化"②，这和某些类型动画的特性是不谋而合的。

3. 奇观的设计与想象

佛教为了阐扬教义，产生了很多类似《降魔变文》等变文故事，其中有很多瑰丽的奇观场景。这与动画的奇幻不谋而合，值得动画创作借鉴。

4. 人物造型

佛教的壁画、绘画中有诸多菩萨、罗汉等形象，而且，佛教图像把经验与超验、真实与虚幻、欲望与禁忌等二元对立要素组织在同一观照过程中，并通过价值联想的方式构建一个经验事实世界。中国动画鼻祖万籁鸣年幼时也曾经在寺庙中学习绘画。可见，佛教美术对于动画造型的设计，极具借鉴意义。

5. 角色性格

佛教宣扬的"菩萨行"，即所谓布施、持戒、忍辱、精进、禅定、智慧等"六度"。其实这种修行与现代人积极向上的生活态度相通，也是国内外动画电影中正义一方的角色性格的核心。这些佛教修行方式，适应世界文化差异，以不同的形式，内蕴于中外经典动画角色的性格和命运中。

---

① 王志远：《中国佛教表现艺术》，中国社会科学出版社2006年版，第12页。
② 王志远：《中国佛教表现艺术》，中国社会科学出版社2006年版，第86页。

6. 佛教能够养成动画创作者的童趣

佛教关于对待自然的理论具有现代性。例如护生与放生，与现代的环保理念相通；佛教的日常修行规范——禅定能够促进心理健康等；同时，这种人与自然的亲和状态，还有助于养成动画创作所需的童心与童趣。例如，丰子恺的漫画中有儿童给凳子的四条腿穿鞋子的画面。可见，动画不是简单的童话，而是以童趣来表现丰富的人类生活。

三　研究方法

本书的研究方法包括佛教文献研究、乡野调查及动画文本研究等。

在研究方法上，本书存在一个难题，如果仅仅是列出佛教的一些教义，然后梳理出这些教义在动画片中的体现，这种分析方法，难免有些牵强。但是，如果在揭示动画文本背后的创作人员的知识背景、宗教信仰状况，以及动画片的市场定位等历史、文化、市场、艺术等多环节的信息后，再归总出一个脉络，如佛教教义的内容、跨文化背景的解读、动画片中的体现方式等，则难免过于浩瀚、庞杂。而且，美国和欧洲国家的动画片，在某些情节设计上，是否具有佛教意识，如果是其他宗教的观点和思维，从佛教视野来审视，是否过于武断。对于这些两难性的问题，本书在分析国外动画片时，要么选择佛教思想浓厚的动画片，如"功夫熊猫"系列；要么就以佛教为背景去解析一些动画片，如《狮子王》等。

其实，一些美国动画片被选为分析的样本，原因在于，佛教在美国传播过程中，基督教接纳了佛教，尤其是禅宗，因为，"在宗教本质上，佛教与基督教有一点大不相同。基督教是一神教，崇信一位权力至高无上的上帝。佛教既非一神教，也非多神教，亦非无神论，因为佛陀及各菩萨皆非神祇，而是觉悟了、得大智慧的人。

也就是说，大乘佛教相信人人都有佛性，都有机会可以修行到佛或菩萨的境地。佛教，尤其是禅宗，信仰的重点主要是放在个人的修行上，而非对佛或菩萨等神祇的崇拜上。对美国的基督教徒而言，禅宗似乎看重伦理修养多于神祇崇拜或偶像崇拜，因此基督教徒比较不会把它当成具有威胁性的外来宗教予以排斥。此外，从人对自我的认知和定位而言，大乘佛教提供了与新教截然不同的角度与看法。新教如同基督教各派，认为每个人基本上都有原罪，有与生俱来的罪恶。大乘佛教却强调人人有佛性，即与生俱来皆有可能成菩萨、成佛。这种针对人性完全不同的诠释，对不少美国人有很大的吸引力"[1]。可见，基督教、佛教尽管教义的基点不同，但是，在道德垂范与人格完美的修养方面，二者具有相通之处。这也是本书评价各国动画片角色塑造的基点，对国外动画片中的佛教情节段落进行分析，尽管有断章取义的弊端，但是，佛教教义的审视只是可能性之一，只是一种体现方式。

（一）佛教文献研究方法

本书采用历史文献的研究方法，所引用或者参照的佛教文献有《金刚经》《华严经》《地藏经》《普贤行愿品》等佛经，以及玄奘大师、鸠摩罗什大师、弘一法师、杨仁山先生、赵朴初先生、南怀瑾先生的传记等。这些典籍、文献既拓展和深化了笔者感受佛教文化博大精深的维度，也有助于借鉴佛教动画的创作理念、角色设计、矛盾演进等。

（二）乡野研究与调查

通过游览佛教寺庙，感受佛教不同宗派的文化特点，以及在当今社会的传播样态、方式等，来深切理解佛教在现实民众中的影响

---

[1] 钟玲：《中国禅与美国文学》，首都师范大学出版社2009年版，第36—37页。

力。笔者游览了厦门的南普陀寺庙后，不禁对于佛教的雕梁画栋与佛门清净，深为感叹。尤其是寺庙门口的志愿者认真引导游客，让他们领取免费的檀香，在门口敬祝香火。游客参观寺庙也是免费的。寺院里面，建筑恢宏，窗明几净，信众和游人都悉心静气，感受着佛教的修行。同样，河南洛阳的白马寺、北京香山的碧云寺、北京植物园内的卧佛寺，亦让人感叹，千年古刹，悠悠香火，历尽劫波，依旧传灯。尤其是大年初一，笔者置身于北京植物园卧佛寺上香的客流中，望着袅袅升腾的青烟，嗅着浓烈的檀香味，徜徉在梵呗之音中，感受到了民众祈求家国平安的心声。春节期间，武汉归元寺的信众和游客也是人流如潮。此外，远离城市喧嚣的北京龙泉寺，其新型建筑拔地而起，高知云集，令该寺声名鹊起。笔者也曾参加了早晚课，为信众的敬仰与心醉所震撼，至于几百人共同进食晚餐的雅静，以及志愿者的灿烂表情，则让笔者亲身体会到了佛教对于个体身心涵养与护生的神奇魅力。

  2017年7月28日至8月5日，笔者乘火车到达敦煌后，再从敦煌驾车，经瓜州、嘉峪关至酒泉，参观了敦煌莫高窟与雷音寺、榆林石窟，又到武威参观了鸠摩罗什寺、海藏寺等。置身于戈壁荒漠中的两个石窟中，目之所及，无不充满着佛教文化的气息。敦煌莫高窟与榆林石窟面前，都有一条浪花飞溅、水流湍急的河流。如果说，莫高窟已经凭借世界非物质文化遗产的盛名，及其厚重的佛教文化宝藏，引来游客无数。那么，依傍着世界最干旱地的榆林石窟，静立在榆林河水的两岸，则杳无人烟，荒凉萧瑟。尽管如此，远道而来的游客依然络绎不绝。虽然这两个石窟与鸠摩罗什寺的富丽堂皇不可同日而语，但是，它们都以不同的声调，合唱着佛教文化的历史声响。佛教文化的高亢生命力，令人崇敬。

  而且，各地寺庙的建筑、雕塑也各有不同。例如甘肃武威海藏寺大门前的牌楼上，是狮子与狗的造型，而鸠摩罗什寺大门的雕刻是白象与兔子。这些形象都别有意味。这些对于动画的创作，都有借鉴意义。

（三）文本分析法

本书中引用的文本主要是动画电影作品和电视动画，分析作品与佛教文化发生关系的历史环境、创意思维等。而且，在分析文本时，有的作品还要从中国美术、雕塑、动画创作、神话学等方面，进行整体性的研究。

（四）比较分析法

本书的比较分析方法，有两个层面的意指，在动画作品分析层面，与同时期的日本、韩国等国家的影片进行比较性解读；在佛教的动画表达方面，则采用了跨学科的思路。季羡林、吴亨根等著的《禅与东方文化》①、日本铃木大拙的《禅与日本文化》②、徐丹的《倾空的器皿——成年仪式与欧美文学中的成长主题》③、日本学者梅原猛的《世界中的日本宗教》④、方立天的《中国佛教与传统文化》⑤、楼宇烈的《中国佛教与人文精神》⑥等著作，都引导着笔者在研究过程中，将佛教动画置于佛教文化、传统文化的广阔视野中。而美籍德裔的精神分析学家、当代著名思想家之一的埃里克·弗洛姆（Erich Fromm）等的《禅宗与精神分析》⑦，又激励笔者从跨学科的视野来透视佛教动画。所以，本书中的比较分析，不仅是

---

① 参见季羡林、吴亨根《禅与东方文化》，商务印书馆国际有限公司1996年版。
② 参见［日］铃木大拙《禅与日本文化》，钱爱琴、张志芳译，译林出版社2014年版。
③ 参见徐丹《倾空的器皿——成年仪式与欧美文学中的成长主题》，上海三联书店2008年版。
④ 参见［日］梅原猛《世界中的日本宗教》，卞立强、李力译，四川人民出版社2006年版。
⑤ 参见方立天《中国佛教与传统文化》，中国人民大学出版社2012年版。
⑥ 参见楼宇烈《中国佛教与人文精神》，宗教文化出版社2003年版。
⑦ 参见［美］弗洛姆、［日］铃木大拙、［美］马蒂诺《禅宗与精神分析》，王雷泉、冯川译，贵州人民出版社1998年版。

中外佛教动画的比较，更在于从神话学、宗教学、佛教学、民俗学等学科，来分析佛教动画的魅力所在。

四　样本的选取

　　泰国动画电影《小战象》被认为是泰国故事采用了迪士尼的叙事方式，而非纯粹的泰国电影。其实，美国迪士尼的叙事模式之所以赢得世界票房，首先是依靠美国经济对世界市场的长期渗透之后，而形成的完善的营销体系，同时生成了一种跨文化的观影心理及与之对应的叙事模型。这种模式与模型，和商品的技术标准一样，无可厚非。当然，依靠这种模式叙述的泰国民间故事，并非美式故事模板的简单地套取与复制，相反，是进行了拆解与再次建构的，因此，《小战象》尽管是美式动画片，但依旧流淌着泰国动画电影的历史文化肌理。同时，泰国风格的角色造型、语言、故事、场景设计、音乐风格等也非简单依附，而是一种生命的再生。换言之，正因为有美式动画元素的介入，该影片才具有站在世界电影市场层面的可能性。相形之下，曾经在20世纪60至80年代非常活跃的前南斯拉夫"萨格勒布学派"（Zagreb School of Animation），没有顾及市场而只陶醉于本民族文化个性的言说，甚至是动画创作者自身的"小我"的审美，最终导致该学派的落魄，这从反面证明了借用一种世界市场认可的通用模式来叙事的有效性。

　　在市场国际化的今天，各国文化元素的相互移用，是一部作品获得国际票房的前提。即使韩国动画电影《五岁庵》，也浸染着美日动画的元素。例如《五岁庵》中，吉松因为打碎了佛堂的花瓶而受罚擦地板的动作，就是在模仿日本电视动画片——《聪明的一休》中小一休擦寺庙地板的动作。韩国动漫产业是在承接日本动漫产业服务外包基础上发展起来的，后来在动漫产业发展中进行原创逐步形成了本民族的创作风格，如《美丽秘语》《五岁庵》等，均在近年国际著名大展中获奖。在承接外包的过程中，韩国动画电影掌握了美国、日本动画电影的叙事方式、工艺、风格等，才生成了具有市场生机的本民族叙事的风格。定位为剧情、儿童、宗教三个类型融合的《五岁庵》，只是韩国动画电影的类型之一。

选取浸润佛教文化的动画电影《五岁庵》《小战象》作为参照样本，是因为中国的佛教题材动画电影曾经有《哪吒闹海》《铁扇公主》《三个和尚》，但相形见绌的是，当前，中国已经没有艺术和票房皆优质的影院动画，因此，选取上述影片进行比较，有助于我们深度理解佛教文化资源如何转化为动画电影的资源。同时，将中国、泰国、韩国、日本的佛教文化动画电影作品进行比对，可以归纳出一些共同的特质，有助于给中国同类题材动画电影的创作提供一种精进的路径与视角。

五　创新之处

"宗教的一支最注意神，另一支则最注意人。崇拜和献祭，感动神性的程序，神学、典仪和教会组织，都是制度宗教的本质要素。假如我们仅限于讨论制度的宗教，那么，就必须把宗教界定为一种外部技术，即赢得神宠的技术。反之，比较注重个人的宗教部分，关注中心是人自己的内心倾向，他的良心、他的功过、他的无助、他的不全备。虽然上帝的宠眷——无论失还是得——仍是宗教生活的一个本质特征，而且，神学也在其中扮演重要的角色，但是，这种个人宗教所激发的行为不是仪式的行为，而是个人行为。个人独自料理宗教事务，而教会组织，包括它的牧师、圣礼，以及其他媒介，统统降到次要地位。宗教关系直接由心到心，由灵魂到灵魂，直接发生在人与上帝之间。"[①] 前面的论述给了人们一个审

---

① [美]威廉·詹姆斯：《宗教经验种种》，尚新建译，华夏出版社2005年版，第30页。

视宗教的新的视野，即人、神交流的环节和通道，可以借助外在的机构，也可以在没有宗教组织的协助下，个体自身与神之间进行心灵沟通。依此观之，动画创作者也许可以不是佛教徒或者居士及专业研究宗教的学者，但是，不影响他们从佛教文化中汲取营养。本书不是将佛经中的论述与动画直接进行比对或者转化。

首先，二者是无法比对的，因为动画与美术、音乐、壁画等一样，都是佛教传达思想的一种方式和手段，如锅碗瓢盆与水的关系一样，前者是不同体量与造型的容器，水才是共同的属性，而佛教与艺术之间的关系，亦是如此。但是，动画，不仅是一个工具或者容器，更是一个文化透镜，是传达佛教文化的一个有效的工具。

其次，佛教文化是一个体系。1992年，方立天先生在《论佛教文化体系》一文中指出，包含自然哲学、人生哲学和认识论的佛教哲学是佛教文化体系的核心，主要体现为价值观念和思维方式。[①] 2002年，方先生在《中国宗教》上刊文《佛教哲学与世界伦理构想》并指出：佛教哲学的基本理念是"缘起"。"缘起说"是佛教对存在、生命的根本看法。佛教哲学的根本旨趣是追求众生的解脱。所谓"解脱"就是从烦恼、痛苦中摆脱出来，尤其是从生死流转中超脱出来，以臻于自由自在的境地。佛教哲学的思想重心是"人界"（人的世界）的提升。人是众生（有生命的存在）的一类，"人界"是"众生界"的一界。佛教视人类为最具可塑性、可转变性的，即最易于提升，也最易于沉沦，佛教哲学的使命就在于提升人格，并进一步把人格升华为最高层次的神格。佛教哲学的方法论是"戒""定""慧"三学，此为实现最高理想必须修习的三种基本学问。"戒"，是止恶行善；"定"，是止息念虑；"慧"，是正确思维。佛教主张由"戒"生"定"，由"定"生"慧"。"戒"是在行为上修持，这是全部修习的起点、前提，"定"与"慧"的实

---

① 参见方立天《论佛教文化体系》，《方立天文集》第7卷，中国人民大学出版社2012年版。

质是破除妄念以清净心意，也就是修持主体在心态与思维上的去恶向善。"诸恶莫作众善奉行，自净其意，是诸佛教。"这一佛教定义性的表述，表明了佛教作为伦理性宗教的鲜明特色。佛教哲学为佛教伦理提供了坚实的信仰基础、思想基础和心理基础，为佛教信徒的道德修持实践提供了动力、源泉、信念和意志。[①]

当然，佛教文化作为一个有机体，不仅是透视佛教动画的棱镜，也可以成为透视任何一种题材动画的参照。因为在尊重生命、激励生命昂扬前行的生命和伦理层面，佛教文化与动画是异曲同工的。

行文至此，一个逻辑上的窘境突然闪现，即透视非佛教动画的时候，尤其是欧美的非佛教动画，应该采用他者的文化理念和体系予以检视，才能顺理成章。如果以异域文化来审视，就可能遇到一个"语境错置"的逻辑问题，甚至产生误读。

对此，本书认为，在对国内外的动画进行比对、辨析时，并非简单地以佛教、佛经为背景，而是以佛教文化为背景，顺延而上，可知，我们是以中国传统文化作为宏阔的透视背景的。因为，中国传统文化是一个复合体，佛教在兼容并蓄的过程中，衍生、流转、积淀并形成了适应中华民族繁衍生息的佛教文化。而且，本书不局限于佛教动画本身，而是将佛教动画作为一个透视国产动画的中介，作为透视英、美、日等世界动画的一个视角，目的是寻求可以提升国产动画品质的一些理念和方法。

本书是国内第一本从汉传佛教文化角度，审视和分析国产动画电影的专著。而佛教动画的研究，对于提升国产动画的选题、角色塑造、故事编织等，都有所助益。而且，佛教文化的生命理念、修行规范等，适于解决当下社会急速变革中的各种心理问题、社会问题，这是美国、日本等成功动画电影所贯通的，却是中国当前的动

---

① 参见方立天《佛教哲学与世界伦理构想》，《方立天文集》第7卷，中国人民大学出版社2012年版。

画电影所缺乏的生命观照。由此，本书将借鉴佛教艺术的思维、方法和方式，在剖析佛教动画的基础上，梳理出提升动画构思时所需的想象力及文化情怀。

六　佛教与动画的关系

很多人认为，佛教尤其禅宗讲求空寂，与作为流行文化的动画相隔甚远，无法建立关联。本书却认为动画与佛教有着千丝万缕的关系。

（一）佛教与动画具有思维方式的相似性

动画作品塑造的时空原本就是不存在的，但是，动画创作者通过想象和绘画，创作出一个个栩栩如生的角色形象，并演绎了一段段或惊世骇俗，或缠绵悱恻，或惊心动魄的故事，这本身就是一个从空无到现有的过程。这个过程，与佛教的幻相过程颇为相似。

在吠陀颂诗中，借助幻相实现了对再生的歌唱，表达了灵魂永恒和肉体消亡的意义。生的主题以灭的意识为基础。当灵肉分离时，暗示的恰是心灵实体享受神灵的福佑，生命的福祉寄托于让心灵与神同在、让心飞翔到其应去之处。灵肉分离发展到梵我意识，便是灵魂与心的同一不二，当人的心与梵同在时，肉体的存在只具现世超升的意义，而有的灵魂不能超生，无论肉体生与死，都由阎罗管辖其灵魂。因此，灵肉二分隐含着灵魂再生的可能性，正是这种对灵肉二分、死而复生的宗教悟知，促成了印度原始宗教"幻"的意识。"幻"，梵语所称摩耶（māyā），即将不可见实体化为可见的幻术。而"相"，梵语称椤乞尖孥（Laksana），意指相状，表于外而想象于心者。"幻相"即借助幻术（魔术 magic）产生的幻觉想象与感知。到婆罗门奥义书时代，幻术向般若意识化方面发展。①

上述引用的文字，描绘了幻相产生的心理过程，其实，这相当于动画作品构思的初期。当然，该段文字也提出了一个新的问题，即在幻相向般若美学发展的阶段，人们唱赞"唵"的音，以礼赞神并振动心智，向神的庙堂进取。而在动画创作中，则要尊敬已经跃然纸上的生命，不能粗鲁对待。只有心存敬畏，才能绵密地编织出角色的命运、心理和行为，并使其具有可信度及魅力。

> "幻"具有浓郁的美学特性。一方面，"幻"与感觉、想象、意志都有意识联系，"幻相"也成为意识化对象性的客体；另一方面，"幻"不是为幻而幻，它有背后的意义。从吠陀到奥义书，"幻"都不属于客观存在范畴，它是一种宗教意义上的"幻"。这种"幻"把神的神秘性与感受的凡俗性溶解了（尽管在般若启动下），而心灵向神的一极也绝非因其神秘而导致抽象化，或化为寂然无生气的观念，相反它表现的是真实（reality），因此，不是让生命倾注于世界的感性，而是让世界点燃内心的感性，"幻"成就于我的内在性——般若智慧——的真实体当中。宗教信仰的践行、修度的特征倾注于内心般若的美的过程，使得"幻"成为表达自我的一个强有力的手段。无论梵我真性的呈现，还是自我境相的造作，都显得熠熠而不可逾越。②

上述文字说明，佛教的"幻"不是徒劳与木然的，而是让人们点燃内心的感性。这种关系很奇妙，对于动画创作很有裨益。因为，作为商业性的动画创作，必然要考虑成本核算、档期、票房预期，不

---

① 赵建军：《映彻琉璃：魏晋般若与美学》，中国社会科学出版社2009年版，第30—31页。
② 赵建军：《映彻琉璃：魏晋般若与美学》，中国社会科学出版社2009年版，第31页。

可能是毫无制约的、无止境的艺术思想。但是，商业性应该以动画作品的角色生命的"真实性"为前提。《阿凡达》经历了十余年的前期构思，对天体物理进行考辨，对剧本进行磨合、删减与调整。其实，美、日的动画创作，一般都经历了几年的磨砺与市场风雨的浇润，而非短期的商业性的粗糙制作。对于创作者而言，也是要在商业档期的限定内，尽可能地让自己感动，只有将感动融入作品，观众才能为之感动。这个过程就是一个梵我真性的展示过程。

当然，现代人将"幻"简单化了，认为它是空无的称谓。其实，最重要的是"幻"字在奥义书中，写作"māyā"，即"摩耶"。黄心川先生说："'摩耶'（māyā）一字在'吠陀'中原意为'智慧'，'智慧'的另一个同义词是'行动'。"① 这说明，动画创作，不仅需要创作者心中的"幻"，还要有制作成作品的行为。另一个引申义可以理解为，不能仅表现角色简单的"行为"，更要展示行为背后的微妙和复杂的"动机"，从而确立角色行为和情节的可信度，否则，我们日常理解的创作过程，就不能称为"幻"。"在婆罗门奥义书中，'幻'有双向意思，即幻现与幻归，前者变空为有，超验为经验；后者变有为空，将经验化归超验本体。"② 就动画而言，从无到有，创作出了角色形象与场景，还只是"幻现"；如何编织情节，将剧情制造成一个超越现实、现有的情境性神话，才是动画需要解决的问题。而不能简单地制作出一部"会动"，但是毫无生命肌理的动态图画。

（二）佛教与动画具有电影逻辑的共通性

在前面的阐释中，已经潜在地将佛教与动画的关系，作为有相互关系的前提性的存在，而没有质疑二者之间如何建立了联系。进言之，如果二者的关系是微弱的，或者是外在拼贴式的贴附，那

---

① 黄心川：《印度哲学史》，商务印书馆1989年版，第427页。
② 赵建军：《映彻琉璃：魏晋般若与美学》，中国社会科学出版社2009年版，第74页。

么，以后的各种论述都会缺乏应有的逻辑起点。其实，佛教与动画之间关系的确立，在于"果报论"。但是，动画电影叙事的因果性，是如何产生的呢？就此，笔者还是想以电影的特质作为分析的起点。

电影的逻辑与科学逻辑不同。科学逻辑是简约化分类（这种分类始终意味着删除、比较和限定），而电影逻辑的分类过程则更模糊和更复杂，可以说，它是另一种性质的分类形态，它意味着这种分类尽管缺乏抽象能力，却可以在纷杂无序的现象中创造出一种可感的表意秩序①。在上述基础上，匈牙利的学者伊芙特·皮洛（Yvette Biro）提出了适应电影特性的"具体逻辑"的概念，而这个概念最初是法国著名的社会人类学家、哲学家克洛德·列维－斯特劳斯（Claude Levi-Strauss）指代的"巫术思维"。乔达诺·布鲁诺（Giordano Bruno）指出：思维意味着通过想象进行创造，理念本身也是想象力的产物，不然它就不会存在。可见，思维（形象思维、抽象思维）借助的理念、名称、概念都是想象力（科学上的想象力的典型案例就是探究未来、未知现象或者世界的假设、预设）的产物。在此层面，我们还需澄清一个习以为常的误解，就是感性认知与理念之间的关系，二者并无高下之分，而且，需要格外凸显一种观点：理念存在一个感性成分，感性认知也存在一个抽象的过程。"认为感性认知只有传递信息的职能这一似乎言之成理的观念也是站不住脚的，似乎感性认知的唯一作用就是为高级心理活动收集、存储和传递数据，其实，一切经验性认知，无论是运动性认知，还是视觉性认知，都包括相当复杂的抽象，因此，对这两种认知层次区分主次的做法恐怕是错误的。"②

我们打个比喻，农民栽种大白菜时，随着幼芽的长大，需要把

---

① 参见［匈］伊芙特·皮洛《世俗神话——电影的野性思维》，崔君衍译，中国电影出版社1991年版。
② ［匈］伊芙特·皮洛：《世俗神话——电影的野性思维》，崔君衍译，中国电影出版社1991年版，第29页。

一些过于密集的白菜的秧苗拔下来，挂在农家院子里。晾晒和风干后，小白菜叶子由新绿变为墨绿，等待来年春天，新鲜菜蔬少的时候，再度用水泡发，食用。如果将新鲜的小白菜比喻为感性认识，新绿而富有水分，将干枯、容易脆裂但是仍有墨绿色的干白菜，视作抽象阶段，能说干白菜就没有白菜的特征、味道和营养吗？当然，干白菜的味道与新鲜白菜的味道会有些许不同，但是，二者没有本质的区别。

至此，可以归结出一个逻辑节点——想象力，这一心理过程，填补了日常生活中割裂抽象思维与形象之间的鸿沟。"这种逻辑颇似一个万花筒，万花筒里也有大大小小的碎片，它们可以形成各种结构图式。碎片是分裂和破碎过程的产物，自身存在纯系偶然……但是……它们不能再被视为独立于这个成品的完整实体，它们已经成为其'表述'的难以确定的零散片断，但是，如果说它们必然有效地参与新型实体的形成过程，那就应当从不同视角观察它们……就是说，在这里，符号就代表着被指事物。这些图式实现着各种可能。"① "通过单个影像的构图和各个影像的组接，这种'美学秩序'本身就可以成为思维的载体。我们的所见、所感始终是客体的具体外观，这是不以约定性程式为依据的暂时和具体的形象链。但是，这种组合并不是随意性的或无理据的，它也绝不排斥因果关系。这些相对独立的生活细节的实际含义大于初看上去的印象。透过貌似无关紧要的内在联系的表象，我们可以看到一个新的关系网络，它取决于局部内容在更宽泛的整体背景中的位置、比较作用、强调程度，甚至时间延续。"② 在这里，伊芙特·皮洛提出了，电影不排斥因果关系，而是通过各种元素建立一个关系网络。观众透过具体可感的形象能够感知到一个深层的结构。"对原始思维来说，

---

① ［法］克洛德·列维-斯特劳斯：《野性思维》，李幼蒸译，中国人民大学出版社2006年版，第35页。
② ［匈］伊芙特·皮洛：《世俗神话——电影的野性思维》，崔君衍译，中国电影出版社1991年版，第21页。

一切都是奇迹，或者更正确地说，一切又都不是奇迹，因而，一切都是可信的，没有什么东西是不可能或者荒谬的……原始人的思维似乎不为任何实际的不可能性所阻碍……这主要是因为互渗律容许了神秘的前关联。"① 可见，原始思维不像现代人过于运用分类、归纳等逻辑思维手段，对客观事物的整体进行分割，从而简单化了各种联系。犹如西医的解剖，看不到中医的穴位和脉络。对于现代科学的推崇，强化了这种思维的优越性和实证性，人们把这种思维运用到艺术创作中，就造成了被遮蔽的盲区。

综上所述，电影的逻辑不是抽象的推理逻辑，而是由形象、动作推动的"具体逻辑"。镜头之间不是简单的一一对应的效果，而是犹如古筝等乐器的律动和共振。这种"具体逻辑"与佛教的"果报论"有相似之处。"果报论"是佛教伦理价值的基石。"因果报应论含有道德导向作用，它决定了信仰者的人生价值取向。佛教宣扬善有善报、恶有恶报，从而唤醒人们对自身命运的终极关怀，使人乐于从善而畏惧从恶。'果报论'又强调自己作业，自身受报，从而有助于信徒确立去恶从善的道德选择，并成为自觉实践道德规范的强大驱动力量、支配力量和约束力量。'果报论'还宣扬过去、现在、未来三世报应说，使人关注生死的安顿，关切来世的命运，增长道德自律心理。"② 佛教的"果报论"，包含着各种具体可感特征的事件，但是，善因积善果，恶因累恶报，在动画故事中，也是如此。动画角色的命运与动画的叙事，尽管如万花筒般的光怪陆离或者奇诡壮阔，但是，还是有其内在的逻辑走向的，当然，这种走向，犹如河流的流向，不管表面是浪花飞溅还是细流无声，水流下面的不同层次都暗流涌动。而且，其意义的生发，不是如北冰洋冰块的漂移状态，而是如各种冰块、水流之间的游弋、碰撞的过程。这需要世界各国的观众根据自己的文化背景，进行自由

---

① 杨丽娟：《世界神话与原始文化》，上海社会科学院出版社2004年版，第10页。
② 方立天：《中国佛教文化》，《方立天文集》第7卷，中国人民大学出版社2012年版，第250页。

的解读、引申和判定。

动画叙事与佛教"果报论"的不同之处在于，动画由于篇幅有限，或者为了观众解读便利，一般塑造了现实世界（主体可能是人或者动物）、灵化世界（可能出现神灵形象，也可能是虚化的、不出现神灵形象的世界）。灵化世界中的先人或者神灵，对现实世界的角色发挥着各种各样的作用，如护佑、引导或者惩戒。

（三）佛教与动画具有普世性的道德观

佛教基本上还是在东方传播，但是，目前，动画大国如法国、英国、美国等都是基督教文化主导的西方国家。本书在动画文本的选择上，从各国动画中择取文本。而佛教文化在分析国外动画文本时是否适用呢？对此，笔者认为，基督教与佛教，在宇宙观、世界观方面也许有不同，但是，在劝人惩恶扬善、乐善好施等道德规范方面，应该是相通的。基督教与佛教倡导的道德规范，不是简单的、普遍的理性论证，而是在信众心中建立起对神圣价值秩序的认识，理性与诫命是形成个体道德的前提。既然基督教与佛教在道德规范方面是相通的，那么，即使是基督教文化背景的创作团队制作的动画片，我们也可以从佛教文化视角进行解析。

除了道德规范相通之外，基督教与禅宗在理念上还有相同之处。例如："基督教与禅宗思想相同的是，它们都察觉完全的开放、富于回应、觉醒及生机盎然，我必须摒弃我的'意志'（此指驱使、引导、遏制我的内在世界与外在世界的欲望）。按禅宗的说法，这一点往往被称之为'空我'（使空）——但这并非意味着消极，而是为接受世界而开放自我；在基督教的用语中，则常称之为'自我克制以接受上帝的意志'。在这两种不同的说法背后，基督教与佛教的经验看来并无多大区别。然而，就通俗的解释与经验而言，基督教的说法意味着人不要自作主张，而要把决定权交给注视着他、知道何以对付他的全知全能的天父。显然，在这种体验中，人并不能造成开放与敏感，而是变得服从与柔顺。假如没有上帝的观念,人反而能在真正舍弃利己主义的意义上做到顺从上帝的意志。这似乎是一种悖谬:如果我忘却上帝,反倒能真正顺从上帝的意志。禅宗'空'的概念蕴含着舍弃自己意志的真正意义,却没有退化而求助于天父的盲目崇拜的危险。"①

再者,佛教给人以勇气,使人调节身心的平衡。在世事飞速流转的变革时代,生命承受着各种压力,如果不能很好地消解,压力就会浸入身心,产生各种疾病,所以,活着,需要勇气。"焦虑和勇气具有一种与身心相关的特点。它们既是生物学的东西,又是心理学的东西。从生物学的观点看,可以说恐惧和焦虑是守护者,防范着非存在对生物产生的威胁,并且对这种威胁做出保护与抵抗的反应。我们必须把恐惧和焦虑看作可被叫作'执勤的自我肯定'的表现。没有带预感的恐惧,没有驱迫性的焦虑,任何有限的存在物都不可能生存。按照这个观点,勇气是这样一种状态:它欣然承担起由恐惧所预感到的否定性,以达到更充分的肯定性。生物学上的自我肯定,就是指对匮乏、辛劳、不安全、痛苦、可能招致的毁灭等的接受。没有这样的自我肯定,生命就不可能得到保存和发展。一个存在物的生命力越强,它就越能不顾由恐惧和焦虑发出的危险警告而肯定自身。不过,假如勇气无视这些警告并贸然做出具有直接导致自我毁灭性质的行动,那它就要与它们的生物学功能相抵触了。这就是亚里士多德关于勇气的信条中所揭示的真理,这种勇气介于怯懦与蛮勇之间并保持平衡。这种平衡可见于所有那些能够保存和发展其自身存在的生命体身上。如果恐惧发出的警告不再对生物产生影响,或者如果这些警告中的勇气的动力已经失去力量,生命便消逝了。已经提到的安全、完满的内驱力,在生物学上是必需的。但是,假如回避了不安全、不完满的危险,那这种内驱力在生物学上就

---

① [美]弗洛姆、[日]铃木大拙、[美]马蒂诺:《禅宗与精神分析》,王雷泉、冯川译,贵州人民出版社1998年版,第113—114页。

会变成有害的东西。反之,那种在我们的自我与我们的世界中有着真实基础的危险,是生物学上所要求的;而如果没有这种基础,此危险则是自我毁灭性质的。这样,生命就把恐惧和勇气作为处于变动但本质上却是平衡的生命过程的两个因素包含在自身之内。只要生命具有这种平衡,它就能抗拒非存在。无平衡的恐惧和无平衡的勇气都是对生命的摧毁,这种生命的保存和发展是恐惧和勇气取得的平衡所具有的功能。"①

佛教文化通过倡导慈悲来激发生存的勇气和能量。"善使人们保持一种昂扬向上的精神状态,行事兼顾他人的感受和利益。恶使人们逃离生活,丧失灵魂;行事目光短浅,心狠手辣;内心恐惧;迷茫、暴躁易怒,生活中经常有暴力倾向。20世纪,一种新形态的恶不断腐蚀着人类的心灵,它的名字叫作虚无主义。虚无主义坚信所有的存在都毫无意义,任何真理都没有存在的可能。虚无主义使精神缺失者面对无边的黑暗,毫无生活的希望。虚无主义使我们无视生灵万物之间内在的相互依赖性,漠视它们之间的共同利益。虚无主义导致个人贪欲无度和纵情乱性,导致企业董事会做出践踏环境的决策。虚无主义诱发违法犯罪行为,虚无主义者愤世嫉俗、玩世不恭,不相信爱与仁慈,解构大无畏的英雄行为。虚无主义使人思想偏执、没有道德心,连杀人行为他们都认为无可非议。虚无主义在流行艺术中俨然成了一股主流思潮。"②

佛教中的禅宗契合了当下的社会需要,才得以迅速传播。以禅宗在美国传播为例。20世纪50年代后期禅宗开始盛行于美国,青年及其发言人多通过英文的译介喜欢上禅宗,并以他们所理解的禅宗思想作为他们知性上与精神上的依归。20世纪60年代的嬉皮士大多阅读过禅宗思想的英文著作及学过打坐冥想,到了20

---

① [美] P. 蒂利希:《存在的勇气》,王作虹译,贵州人民出版社1998年版,第60—61页。
② [美] 阿莱克斯·葛瑞:《艺术的使命》,高金岭译,译林出版社2015年版,第45—46页。

世纪 70 年代第一波"禅宗热"减退时,北美各地的住宅区已成了许多禅宗中心。禅宗的传播与美国的社会文化的变迁密切相关。美国本土的文化运动思潮对禅宗的兴起也有一定的助益,即 19 世纪的以梭罗(Henry David Thoreau)为代表的超越主义(Transcendentalism),是一种相信人的内心即有神性,可以用直觉感受到的理想主义,并应该以此神性来引导行动,这与禅宗的一些观念相近。另外,禅宗的教义与美国本土的环保主义相一致,有助于摒弃并克服利己主义的弊端。禅宗在心理咨询与治疗方面效果显著,被广泛运用。①

(四)佛教动画具有多样性

佛教动画一般在网络传播,很少在电视、影院上映。于是,有学者会提出质疑:佛教动画文本数量的有限性,能否促成佛教文化与动画之间关系命题的成立?其实,除了严格意义的佛教动画以外,还有很多动画片内含佛教文化因素。

例如,2018 年 1 月 19 日登陆中国院线的《公牛历险记》,就是根据曼罗·里夫(Munro Leaf)的西班牙经典童书《爱花的牛》改编而成。公牛费迪南在小的时候,就生性温柔,为了呵护一朵红色的小花,无论同伴如何戏谑和刺激它,它就是不愿意打斗。听说自己的父亲因为参加斗牛比赛而身亡后,小费迪南逃离了以喂养、选拔斗牛为目标的"公牛之家"。在逃到了一个农场后,它遇到了小女孩妮娜,并与它相依相伴地成长,生活在绿野花开的村庄。没想到,已经壮年的费迪南,高大壮实,在西班牙小镇的鲜花节上闯祸之后,被当作凶猛的黑色怪兽捕获,又被送回了"公牛之家",遇到了相信"不成为斗牛,就成为肉牛"的昔日同伴,遭到了奚落和挑战。偶然间,在看到斗牛大师房间的一整面墙壁上,挂着象征斗牛士荣誉的一对对牛角之后,费迪南才恍然大悟,表面上的斗

---

① 参见钟玲《中国禅与美国文学》,首都师范大学出版社 2009 年版。

牛，不管输赢，都难逃被血淋淋屠杀的噩运。在山羊和刺猬的帮助下，逃生机会来临时，费迪南毅然冒着危险，回到牛舍，说服因与自己打斗而断了一只犄角后有些悲观的同伴，又到屠宰车间救下了一个同伴，这才与山羊、刺猬等会合、逃离。

在经历了马德里大街上的惊心动魄的逃亡后，费迪南和伙伴们终于在火车站找到了开往妮娜家的火车，在马上到达的时候，火车缓缓开动了。当"公牛之家"老板驾驶着汽车越来越近，千钧一发之际，费迪南与其他的牛，一起推动了一辆停靠在铁轨上的、可以挂在火车车尾的平板车。当挂接了火车之后，费迪南没有跳上平板车，为了拖延追捕人的时间，把逃生的希望留给其他伙伴，自己转身舍命用头顶住了追赶而来的"公牛之家"的老板的汽车车头。费迪南被活捉，直接送到了斗牛场。费迪南感受着斗牛场的争斗、厮杀、血腥，面对"斗牛大师"的不断挑拨，费迪南始终没有任何恶意攻击、报复的意图。反而在角斗时，饶过了"斗牛大师"的性命。谁料，本可以胜利的费迪南，由于一朵落在脚下的玫瑰花分了神，警醒过来时，已经被"斗牛大师"的剑指向喉咙。可即便是在面临死亡的时刻，它依旧陶醉地嗅着鲜花的香气。最后，人山人海的观众发出了"不要杀死它"的喝喊，再加上闻讯而来的妮娜出现在斗牛场上，久别重逢的相拥，让血腥的斗牛场反转为温馨、友爱的场景。"公牛之家"对于牛而言，相当于一个污秽的地狱。费迪南舍命解救同伴前往妮娜家农场的过程，宛如一种救赎。这种精神与佛教中地藏菩萨的部分功德相似。地藏菩萨发了"地狱未空、誓不成佛"的大愿，为众生担负了一切厄运，救度极苦众生，帮助他们得以解脱。可见，佛教文化在动画中的体现方式是多种多样的，只要具有相通的精神底色，都可以被纳入佛教动画的视野。

厘清了佛教动画的范畴问题，有读者也许疑惑：佛教倡导隐忍，而动画作为一种影像叙事，需要矛盾，而矛盾的一方，即使是正义的一方，也需要反击，这不是和佛教信众奉行的隐忍相矛盾吗？

实则不然，佛教的忍辱不是无原则的妥协。《论语·阳货》有"乡愿，德之贼也"一说。《孟子·尽心下》中进行了具体描述："言不顾行，行不顾言……阉然媚于世也者，是乡愿也。""非之无举也，刺之无刺也。同乎流俗，合乎污也。居之似忠信，行之似廉洁。众皆悦之，自以为是，而不可与入尧舜之道，故曰：德之贼也。"孔子认为评价君子的标准是"乡人之善者好之，其不善者恶之"（《论语·子路》）。其实，佛教在这点上与孔子没有歧义。佛教的忍辱是对个人行为和用心的要求，而不是让人逃避眼前的非法之事的托词与借口。《法华经安乐行品》卷1中曾讲道："若有菩萨行世俗忍。不治恶人。令其长恶败坏正法。此菩萨即是恶魔非菩萨也。亦复不得名声闻也。何以故。求世俗忍不能护法。外虽似忍纯行魔业。菩萨若修大慈大悲。具足忍辱建立大乘及护众生。不得专执世俗忍也。何以故。若有菩萨将护恶人。不能治罚。令其长恶恼乱善人。败坏正法。此人实非外现诈似。常作是言。我行忍辱。其人命终与诸恶人俱堕地狱。是故不得名为忍辱。"①

依此观之，佛教文化与动画是一种"互文见义"的参照关系，犹如滤镜与阳光，佛教文化的"滤镜"作用，有助于我们看到动画创作者习常看不到的"七彩光谱"。本书在佛教动画的基础上，将提出一种透视动画的文化视角，希望现代的动画创作者，不以商业功利的思维来简单化动画的创作，而是将之视为生命孕育的过程。

佛教的人生皆苦、诸行无常等观念，有助于动画创作。"一件优秀的艺术品通常都要比它的创作者存活得更久远。艺术家在与时间竞赛，希望在他们离世之前能从自己的心灵深处提炼出一件意义非凡的作品。对残暴的死神的惧怕和愤怒激发着艺术家的创造力，其作用不可忽略。曾经身染重病、死里逃生、经历过亲朋的离世、

---

① （南北朝）慧思禅师：《法华经安乐行品》卷1，《大正藏》，第46册，第701页下栏。

目睹过死亡事故或者灾难，每一件事都能让人直面生命的短促。常常在面对过死亡之后，对精神的探索或者对艺术的热衷才会出现。《法句经》曾经指出，最伟大的沉思都有关无常和死亡。只有意识到生命苦短，我们对生命的担当才更真切，对剩余的时间才倍感珍惜。"①

---

① ［美］阿莱克斯·葛瑞：《艺术的使命》，高金岭译，译林出版社2015年版，第16页。

第二章 佛教动画兴盛的文化透视

佛教在中土传播的过程中，经历了儒教、道教文化的冲击，最终形成了儒、释、道共存的态势。近代，还经历了与渐入中土的基督教文化的论辩。而今，佛教的传统传播方式，又面临着大众文化生活剧变和网络、新媒体的冲击，其传统的人际传播和民俗流布等方式，受到了严峻挑战。适应新的态势，佛教借助网络平台，增加了迎合僧俗两众都喜闻乐见的动漫形式，这是一种面对挑战的智慧应对。

一 引"萌"文化入佛教传播

2015 年，动画短片《贤二前传之宝藏传奇》问世，在漫画、动画的基础上，同年 10 月 1 日，龙泉寺和多家机器人、互联网公司联合制作了"能言善辩"的机器人"贤二机器僧"，其身高 61 厘米，两只眼睛可发光，胸前有一块触摸屏，以便回应问询者的问题，比如"你的父母是谁？""生命的意义是什么？""贤二"既能背诵长卷佛经，又能通过微信方式与人及时沟通。

"贤二机器僧"的动漫造型与机器人形象都很"萌"，具有可爱、单纯、矮小、机智、神情无辜等特点，让人在忍俊不禁的同时，还有一点亲近感。据悉，与"贤二机器僧"一同面世的，还有"贤二机器僧"微信公众号，这个使大众可以与"贤二机器僧"随时随处交流的网络平台，在服务大众的同时，更方便大众感受佛教文化、领悟佛教智慧。

2018年2月4日，智能机器人索菲亚做客央视《对话》栏目，索菲亚可谓机器人中的名人，第一个获得人类公民身份，曾客串各国综艺节目，还和明星摄制专辑MV，如今又传出进军时尚界。与索菲亚相比，"贤二机器僧"还是相当稚拙和低端的。但是，龙泉寺作为国内第一家推出人工智能机器人的寺院，已经将佛教文化的传播方式推进人工智能的浪潮。2014年6月5日，日本软银集团发布了世界首款情感识别型私用机器人——Pepper。Pepper可以依据自主判断四处活动。不仅能和人对话，还能识别对方的情绪，开展自主学习。这款人形机器人，身高120厘米，和人类的7岁儿童差不多。①

日本作为机器人大国，一直处于世界机器人产业的前沿。"2011年主要国家和地区的工业机器人销量中，日本在全球的市场份额中居首。同年，工业机器人的全球销量大增，其中日本依然占到总额的16.8%，紧随其后的是韩国，占15.4%，欧洲（除德国外）占14.6%，中国占13.6%。不过，该统计中日本2003年的份额曾高达38.8%，由此看来，日本的优势正连年递减。"② 而且，日本学者神崎洋治在其撰写的《机器人浪潮》一书中，还详细介绍了日本的机器人，包括自动搬运机器人、双足步行人形机器人、索尼的机器宠物狗、看护机构的交流型机器人、丰田的生活助理机器人、超仿真智能人形机器人等机器人的功能与结构，甚至出现了与云计算相结合的机器人。以前我们认为机器人只是机器而已，现在这些机器人虽然只是替代了人类的部分功能与职业，但是，随着无人驾驶汽车、无人飞机等技术的发展，机器人正渐渐向人类的功能逐渐靠近。机器人伦理，也在渐渐进入学术视野。在此潮流中，北京龙泉寺将机器人应用于佛教传播，应该讲，是顺应机器人剧增并且介入了社会生活的大潮。

---

① 参见［日］神崎洋治《机器人浪潮》，黄笛译，机械工业出版社2016年版。
② ［日］神崎洋治:《机器人浪潮》，黄笛译，机械工业出版社2016年版，第4页。

再者，龙泉寺的机器人适应了大众文化中的"萌"文化。2005年，"萌え"获得日本流行语大奖，2006年，日本三省堂出版社将"萌え"正式收录进《大辞林》，将其定位为年轻人用语，表示对某种人或事物产生极为强烈而深刻的情感，这些情感包括喜爱、倾慕、执着、兴奋等，其对象既包括实物，也包括虚构的对象。[1] 日本原始宗教"神道教"是一种泛神信仰。它相信世间有"八百万神"，当然，"八百万"只是一个虚指，意为无穷无尽。日本民众深信自然间的万事万物都有神灵居于其中，而且，没有高下等级之分，对于任何事物皆应恭敬相待，所有世间万物也都有成为被敬仰和膜拜对象的可能。任何使人充满生命力的信仰和崇拜都应该受到尊重。这样一种泛神信仰，造成了日本人内心深处尊重和敬畏万事万物的国民性格，同时也形成了信仰的多样化倾向。可以说日本人具有将万事万物"神"化的传统和能力。"萌え"也是如此，都产生于对某种事物或某种属性的近于痴迷的崇拜。这些偶像和崇拜情绪，有时确实可以引起不同民族和地域的年轻人的共鸣，但有时也会因为信仰的差异引起排斥和反感。[2] 龙泉寺的机器人进行佛教传播，其目的不仅是依靠一点惊奇，提升佛教传播的关注度，而是通过在年轻人中具有巨大影响力的机器人，来增强佛教在年轻人群体中的大范围的传播。

二　佛教动画的涌现

在众语喧嚣的互联网时代，佛教不能没有自己的"话语"，不能没有自己的"声音"。佛教的"声音"不可能是唯一的一种，但

---

[1] 参见齐珮《从日语"萌"的语用意义看青年亚文化生态体系特征》，《外语学刊》2010年第4期。

[2] 参见黄宇雁《"萌"与"萌え"——试析中国流行文化对日本文化的受容》，《浙江外国语学院学报》2012年第3期。

至少是许多种"声音"中的一种。① 而佛教动画，正是当前佛教弘法利生的一种主流传播方式。

本书在佛教动画类型的划分上，借鉴了佛教绘画类型划定的有关概念。佛教绘画类型，主要是佛、菩萨等单个形象和说法图及各种佛传、本生、变相、曼荼罗、故事画。本书将佛教动画依据内容进行了划分，共有四种类型，包括佛陀故事，如泰国佛陀教育中心的《佛陀的一生》（1995年）等；高僧大德的传记片，如日本的《聪明的一休》（藤田淑子，1975年）、《亲鸾圣人》（齐藤，2009年，日本真宗所）；经变故事，如韩国的《五岁庵》（蔡贞安，2002年）等；佛教故事，如《九色鹿》《地藏菩萨本愿经》《宝箧印陀罗尼经》等。

国内的很多寺院，借助大众流行文化的动漫进行佛教传播。互联网的兴起，增加了个体表达的便利性。而数字影像技术，更是增强了动画视频制作的低成本与影像性。除了技术原因外，佛教动画的兴盛，还是佛教适应现代性挑战的"随机应变"。

三 佛教文化传播兴盛的社会原因

近代社会，西方基督教也曾面临现代化进程中的各种冲击。基于此，西方基督教调整了传播方式。其实，如今的佛教也处于类似的境遇。

首先是现代科学的冲击。19世纪，以实证主义、经验主义为特征的现代科学的兴起，揭示了宗教的虚妄，冲击了其教义神圣性的根基，进而削弱了基督教对世俗的控制力，形成了神圣与世俗并立的局面。"经验主义的、物理主义的实在体系取代了另一种，即圣经主义的、超自然主义的实在体系。西方思想就这样被禁锢在这两种实在体系的二元对立之中。实在世界要么是上帝的世界，要么

---

① 参见圣凯《佛教现代化与化现代》，金城出版社2014年版。

仅仅是凡俗的世界；经文要么是神的启示，要么仅仅是历史文献。在当今的西方人考虑宗教的时候，这种非此即彼的二元思维依然左右着很多人的选择。"①

应该讲，1840年以后，西方列强对贫弱的清王朝的枪炮侵略与经济掠夺，使中国形成了列强割据的局面。众多忧国忧民的有识之士探索富国强兵的道路，提倡西学以强国。麻天祥曾经于2009年撰写了《佛学与科学——中国近代科学家对佛教的科学分析及比较研究》一文并指出"中国近代社会思潮新旧交错并陈，佛教文化更是包容儒道，兼采中西，入世出世、历史现实、理性信仰，对立统一，为救亡图存的社会思潮觅得一个新的理论源头。佛教与科学尤其在新的历史条件下，携手联袂，竭力为佛学寻求'实验的证据'，在有限的程度上，使佛教文化焕然一新——以佛教的思维方式探索社会与心性问题，借自然科学的成果与科学方法为佛学提供理性认识的依据，及先验的论证"②。

其次，工业化、城市化造成了人口的流动。工业化、城市化带动了昔日农村年轻劳动力的大迁徙，年轻人来到经济繁荣、就业机会多、生活便利、现代传媒遍布的城市，从而造成了乡村文化生活的单一性与同质性。而且，现代传媒知识，开启了全新的认知视野，"就意识的层面而言，这意味着宗教不再被视为理所当然，而是成为个体反思和抉择的对象"③。换言之，与其他宗教一样，佛教也面临着工业化、城市化的人口流动及大众教育公有性等现代性变革的冲击，佛教的影响力相对远离了社会的主流。尤其是中华人民共和国成立以前，佛教还可以依靠土地、商业等庙产开办教育、医院、孤儿院，出版书籍（主要是佛教典籍的出

---

① ［美］比德·伯格、［英］格瑞斯·戴维、［英］埃菲·霍卡斯：《宗教美国，世俗欧洲？主题与变奏》，曹义昆译，商务印书馆2015年版，第3—4页。
② 麻天祥：《佛学与科学——中国近代科学家对佛教的科学分析及比较研究》，《佛学研究》2009年第1期。
③ ［美］比德·伯格、［英］格瑞斯·戴维、［英］埃菲·霍卡斯：《宗教美国，世俗欧洲？主题与变奏》，曹义昆译，商务印书馆2015年版，第18页。

版），修路铺桥等公益事业，在"利生"的同时，予以"弘法"。中华人民共和国成立以后，教育、医药、乡村和市政建设等被人民政府纳入了管辖、管理、财政支持的范围。可见，以文化、公益为辅助的，乡村人际传播为主要方式的佛教传播，在某种程度上受到了抑制。

再次，个体自主性增强，形成了人的"宗教喜好"。"宗教喜好"是西方国家的青少年在宗教林立的环境中，对于所信仰的宗教的一种自我选择。"宗教在个体意识当中理所当然性地位的丧失，意味着人们被迫选择——运用自己'喜好'的过程。选择的对象可以是世俗的，也可以是宗教的。正如我们看到的，欧洲人更多地选择世俗性，美国人则大多倾向于宗教选项。但是，即便宣称自己信奉某种宗教传统的保守型的个体，其信仰也是经过选择之后的结果。他一定记得这一选择过程，并且至少会潜意识地意识到：在未来的某个时间里，不排除对这一选择结果予以逆转的可能性的出现。"①"宗教喜好"的出现表明，宗教已经成了个人自由选择、自发建构、自由进退的"私人领域"。

如今是信息高速发展的网络传播时代，个体可以借助网络浏览海量的信息，尤其是城镇化，让农民离开了乡土，改变了他们的生活方式，到大城市打工的群体，也接收到了与乡村不同的各种知识信息，因此，在青少年的信仰构建中，佛教文化不再是"天经地义"、具有乡土温情的"命定"选择。而且，由于中国实行宗教信仰自由的政策，公民在宗教信仰方面更是自主选择。佛教动画视频则应当恒定地处在网络中，便于需要者的光顾、品读、理解与传播。

最后，市场经济中大众传媒的挤压。市场经济不仅塑造了自主性的个体，同时，也有大众传媒在炮制有如宗教宣讲的"终极意义"内容的心灵鸡汤，陶冶了在市场中迷茫的年轻人的情绪与心

---

① ［美］斯蒂芬·贝斯特、［美］达格拉斯·科尔纳：《后现代的转向》，陈刚译，南京大学出版社2002年版，第19—20页。

性，同时，赢得了商机。于是，《读者文摘》、报纸的"忠告"专栏、流行歌曲的歌词、广播电台的"凌晨夜话"栏目等励志性商品应运而生。这部分内容取代了宗教的心理安慰的功能，填补了相对日常生活而言的具有"终极意义"的虚空。

所以，适应时代的挑战及受众的个性化、自主性，佛教动画的互联网传播，有利于受众超脱地在众多影像中自主地选取、整合、建构自身的认同机制。另外，佛教自身的系统性及对于中国传统文化的激励作用，正在日益彰显。习近平总书记于 2014 年 3 月 27 日在联合国教科文组织总部的演讲中，提到了佛教的作用。著名宗教学者魏德东教授对此进行了细化并指出："在中国传统文化中，习主席多次提到佛教也有着深厚的现实背景。近代以来，以儒释道为代表的中国传统文化受到严重冲击。今天，儒家文化的制度性传承仍然没有建立，道教作为中国本土宗教，其现状与人们的期待也有很大的差距。在儒释道三教当中，佛教的发展相对较好，逐渐成为中国文化复兴的最重要的载体。而 21 世纪以来的中国佛教，也日益建立起这一文化自觉体系，主动投身于中华文明的创造性转化与创新性发展的历史洪流之中。"①

四　动画契合了佛教义理的意象思维

佛教寺庙有诸多的佛像、菩萨像、罗汉像等壁画、雕塑，居世界诸大宗教之冠。因此，佛教又有"像教"的称谓。而且，历史上，佛教除了佛教经文的翻译与传播外，还通过塑像、壁画、绘画及经变画等方式进行大众传播。"像"对于文化水平不高的信众而言，更有利于直观与通俗化的理解和认知。因为，在中华人民共和国成立以前，很多民众不识字，"解放初期文盲占全国 6 亿人口的

---

① 《前所未有！习近平 10 分钟演讲全面论述中国佛教》，http：//www.china.com.cn/guoqing/2016 - 03/07/content_ 37956906.htm.

80%，而农村的文盲率高达95%以上，有的地方甚至十里八村也找不出一个识文断字的人。而早在1945年，毛泽东就明确地指出，在80%的人口中扫除文盲是中华人民共和国的一项重要工作。因为政治上翻身、但因为不识字不能在文化上翻身的中国人民，就不是彻底的翻身"①。

不识字，自然就无法研读语言、义理都深奥的佛教经卷，相形之下，"像"是普通信众感受佛祖威仪、庄严净土，体悟经文隽永、助力修行的形象媒介。在以文字传播、人际传播为主的时代，佛教绘画和雕塑对于佛教的大众化传播，起到了推波助澜的作用。当然，即使汉传佛教，也由于各地的地域和流派不同等，同一个菩萨在不同的历史时期，其形象与造型也有些微的不同。但诸佛与菩萨的形象约定俗成，已经印刻在了民俗文化中。而动画的基础就是美术设计，不论是手绘还是三维，在造型设计阶段，就可借助佛教经典或绘本的诸佛、菩萨的形象或者雕塑，描绘出动画片的角色造型。同样，动画片的环境设计，也可参照寺庙建筑等予以设定。可见，角色造型与寺庙设计，都可以达到高度的拟真性，以适应僧俗两众的心理预期。这是动画与佛教内在融通、转换的基础。

五 佛教动画的文化功能

目前，西方的宗教学者"使用众多不同的范畴去选择、分析、分类及解释宗教现象。象征符号、神话、礼仪、经典、律法、伦理、神秘主义等范畴，在宗教研究的话语中已经历史性地扮演了一个中心角色"②。而本书则跳离了单一的宗教学研究的视野。因为

---

① 李吉元：《教育奠基中国：1956扫盲教育 4亿多文盲学识字》，《中国教育报》2009年8月19日第1版。
② ［美］芭芭拉·候德莱基：《后之后是什么？——作为批评方法的比较分析》，载［美］金白莉·帕顿、［美］本杰明·雷依主编《巫术的踪影》，戴远方等译，中国人民大学出版社2005年版，第90页。

作为宗教之一的佛教，与中国传统文化水乳交融、共同演进，是中国传统文化的重要载体。博大精深、源远流长的佛教思想文化，不但是中国传统文化的一个重要组成部分，而且还对中国的社会、政治、历史、哲学、伦理道德、文学、语言、音乐、舞蹈、建筑、雕塑、绘画、天文、医学、科技，以及婚丧嫁娶、吉庆节日等民俗民风产生过重大影响和推动作用。

但是，在分析佛教的文化功能之前，本书有必要对宗教概念予以溯源式的厘清和勘定，从而进一步梳理宗教与文化的关系。

从语源本意看，西塞罗认为宗教源于"再次聚会、组合、思考、深思"之意；康德（Kant）认为宗教就是道德；而在费希特（Fichte）看来，宗教是一种知识，"它给人以对自我的清澈洞察，解答了最高深的问题，因而向我们转达了一种完美的自我和谐，并给我们的思想灌输了一种绝对的圣洁"；施莱尔马赫（Schleiermacher）认为宗教是可以主宰我们、需要我们对某物的绝对依赖，却不能反之；黑格尔（Hegel）则认为宗教是完全的自由，圣灵通过有限的精神而变成不折扣的自我意识；费尔巴哈（Feuerbach）和孔德（Comte）则认为，人的一般概念或人的本质被实在化、具体化了，而人类既成了祭司也变成了神；麦克斯·缪勒（Max Muller）提出了宗教乃是领悟无限的主观才能。① 然而，上述的宗教定义的视野，都着眼于人与世界的关系。而宗教社会学理论通常将某些观念，如"超自然"的观念定义为宗教的。而德国的社会学家卢克曼（Thomas Luckmann）则从个体与社会的关系角度，提出人类有机体对生物本性的超越是本质上的宗教过程，社会化作为达到此类超越的具体过程，本质上是宗教的；它有赖于宗教的普遍人类学条件、社会过程中意识和心的个体化，并且在将历

---

① 参见［美］麦克斯·缪勒《宗教的起源与发展》，金泽译，上海人民出版社2010年版。

史的社会秩序背后的意义构造内化的过程中实现。① 卢克曼的观点弥合了宗教与文化传递、个体社会化之间的裂痕。

佛教文化与传统文化之间是相互融合的关系，其文化功能的梳理，也可以有多重视角，但是，站在个体社会化的角度来反观佛教文化的当下生命活力，也许更通透。而且，我们也应该站在现代科技和文化的视野，正确理解佛教的宇宙观。"佛教对宇宙流变的见解有三大特点。其一是以变化为虚妄荒谬。人类生死轮回的根源是'无明''贪爱'，而变动不居的世界和人生是虚幻不实的。其二是极力夸大变化的绝对性，否认事物的相对稳定性，即特别强调'无常'。其三是极力渲染人生过程中的种种痛苦特别是生老病死之苦。这种世界观与其否定人生价值，追求超脱生死的人生态度也相表里。"② 佛教的宇宙观倡导空性，这种超越性，是佛教动画对于生命正能量激荡与涵养的根柢。

（一）负面心理的清理

近年来，不少人包括社会精英在内，由于生活压力过大、工作竞争激烈而劳逸失调，打破了身心自我调适的规律，导致心理变异、生理失衡、脏腑功能紊乱，猝死的新闻报道此起彼伏。在社会变革的今天，每个人都面临着激烈的竞争、挤压与各种危机，愤恨、焦灼、抑郁、人格分裂等心理疾病急剧增加。甚至于，挫折、茫然、恼怒等瞬间或者短暂的负面心理变为常态。如果不能及时疏通，也会造成个体生命能量的空耗。此类社会问题的出现，除了工作、生活压力的原因外，深层的症结可以用信仰式微的原因来解释。马克斯·舍勒（Max Scheler）认为，有两种因素导致了我们时代信仰的普遍式微："一是思维正日益变成并将自身等同于'算计性'思维；二是现代人的'肉身'正日益被经验成物质对象，而

---

① 参见［德］卢克曼《无形的宗教——现代社会中的宗教问题》，覃方明译，中国人民大学出版社2005年版。
② 张岱年、程宜山：《中国文化精神》，北京大学出版社2015年版，第159页。

不是'肉身'。肉身在事物对象的王国里作为身体对象而发挥着作用，这种身体更多是个人的'财产'，而不是共同体的成员。由于这种思维，生命及其价值都成了无常之物。'算计性'思维在社会中占据支配地位，意味着生命价值甘愿依附于管理、有用、成功和便利的价值。由于从严格意义来讲，质量、形式、价值和知识都是非算计性的，所以现代人倾向于用他们认为是唯真正的现象，即可算计的对象来代替它们。正是由于这种思维，现代人才居无定所、无家可归，它已经转化成一种可通过无休止的工作而被算计的冷酷无情的关系对象。没完没了的工作，这种现代的工作癖使人们无暇去沉思、关怀、爱或者信仰，这种工作癖和利润已经凌驾于人性之上。为了它们而建立的竞争性的商业计算网络——帕斯卡（Pascal）认为，对现代人来说，它是一种令人怀疑的药方——已经开始使人们对死亡和信仰的思考和尊重变得迟钝。"[1]

其实，舍勒的"'算计性'思维"类似于德国社会学家马克斯·韦伯（Max Weber）的"工具理性"概念，即指行动只由追求功利的动机驱使，纯粹考虑行动效果的最大化，而漠视人的情感和精神价值。韦伯在《新教伦理与资本主义精神》中指出，新教伦理促进了资本主义的发展，也使"工具理性"获得了充足的发展。但是随着资本主义的发展，价值理性中的宗教作为动力因素和目标趋于减弱，甚至消失殆尽，而物质和金钱成为人们追求的直接目的，于是"工具理性"成了目的。作为启蒙精神、科学技术和理性自身演变和发展结果的"工具理性"，在追求效率和实施技术的控制中，由解放的工具退化为统治、奴役自然和人的工具。[2] 马克斯·韦伯、马克斯·舍勒的观点，从不同角度，让我们认识到，20世纪20年代的社会问题，在今天的中国也不同程度地存在着。

---

[1] ［德］马克斯·舍勒：《舍勒选集》，刘小枫编译，上海三联书店1999年版，第988页。

[2] 参见［德］马克斯·韦伯《经济与社会》，阎克文译，上海世纪出版社2010年版。

毋庸讳言，佛教在倡导"人生是苦"的同时，也指出外界的不公、无序、强势是个体无法规避的，在个体适应与发展的同时，不要"执着"，个体的解脱在于跳离"贪、嗔、痴"。这些"浮云"遮蔽了"望眼"，造成了"无明"，是个体命运苦难的根源。这种思想，对于受众而言，可以不同程度地舒缓、排解一些负面心理能量。《地藏菩萨本愿经》《宝箧印陀罗尼经》等动画中，飘荡着空灵的梵呗之音，让观众逐渐认知了苦难的源泉、过程及体现样式。而且，佛教佛祖、菩萨、诸天、高僧大德等情感的清澈、体态的威仪，则演绎和塑造了西方净土的庄严。并且，佛教动画中音乐的特点是涓涓细流中卷扬着波涛万顷。更关键之处在于，佛教动画，让有需要的个体在感受到了暂时"出世"境界的温馨的同时，宣泄了负面心理，增强了生的勇气。

佛教在调理身心方面，有很多探索。铃木大拙指出："禅本质上洞察人生命本性的艺术，它只是从奴役到自由的道路——可以说，禅把蓄积于我们每个人身上的所有能量完全自然地释放出来，这些能量在通常的环境中受到压抑和扭曲，以至于找不到适当的活动渠道……因此，禅的目标乃是使我们免于疯狂或畸形。这就是我说的自由，即把所有蕴藏在我们心中的创造性的与仁慈的冲动都自由发挥出来。"[①]

（二）生命的整体观照

"人生是苦"的部分原因，在于个体只是着眼于现实和当下。而佛教则是宣讲了生命的"六道轮回"。六道：天道、阿修罗道、人道、畜生道、饿鬼道、地狱道。此中上三道为"三善道"，因其作业（善恶二业，即因果）较优良故；下三道为"三恶道"，因其作业较惨重故，一切沉沦于分段生死的众生，其轮回的途径，不出

---

① ［日］铃木大拙等：《禅宗与精神分析》，载冯川主编《弗洛姆文集》，改革出版社1997年版，第475页。

"六道"。所谓"轮回"者，是描述其情状，去来往复，有如车轮回旋，在这"六道"中周而复始，无有不变，故名"六道轮回"。世间众生无不在"轮回"之中。只有佛、菩萨、罗汉才能够跳出三界，不入"轮回"。"六道轮回"，可以折射多种人生命理。作为普通人，应该据此深刻理解"人生难得"。因为我们此生是以"人"的身份来到世间，是在无尽的"生死轮回"中历经无数劫的沉沦漂浮，才有机会生而为人。大千世界，芸芸众生，得以生而为人者，还是少之又少的。

以"六道轮回"为角色的生命观，日本的高桥留美子的漫画《境界之轮回》中的男主角，高中生兼死神，运用多种死神道具对游荡在阳间的幽灵进行净化，引导他们踏上"轮回"转世重生，并且和堕魔死神进行抗争。另外，手冢治虫的漫画《火之鸟》，也是以"六道轮回"为角色的生命观。日本动画片《赤龙战役》中的一集，其主题就是"六道轮回"。

本书认为，"六道轮回"的价值在于让个体认识到了与"生"相对的"死"，因为着眼于眼前利益的最大化的个体，如果从生命进程的整体观之，人生如白驹过隙，匆匆几十年，如果过于斤斤计较个人的利益，甚至对于他人和社会利益过于侵害，不仅可能受到道德的谴责和法律的制裁，更有可能伤害未来生命的进程和质量，更有甚者，可能因此丧命，一切都付之阙如。所以，依据上述衍生的"舍得""放下"等佛教义理，其价值都在于让个体从生命的总体来观照当下。

（三）传统道德的传播

佛教伦理准则的核心就是要平等慈悲，具体指要去恶从善，勿以恶小而为之；要自度度他，既自己解脱也要帮助别人解脱，既自己提升也要帮助别人提升，既对自己有利也要对别人有利。佛教的道德规范包括不杀生、不偷盗、不邪淫、不妄语、不饮酒，这些道德规范既有助于个体素质的提高，也有利于社会结构和社会秩序的稳定、和谐。佛教道德经典包括《善生经》《佛说父母恩难报经》《佛说十善业道经》及《佛说业报差别经》等。上述中，前三部都有动画版。

《善生经》是佛陀对在家信徒宣讲的一部佛经，教导在家佛教徒妥善处理各种人际关系，创造和谐、圆满、富足的生活。在建设和谐社会的过程中，这部佛经显得尤为重要。

取材自《善生经》的佛教3D动画电影《尸迦罗越》是马来西亚首部佛教3D动画片。剧情分为三个故事。第一个故事以60岁以上的老人要进死人谷为开端。15岁的小安的母亲已经60岁了，被迫自己进入死人谷。这与日本电影《樽山节考》中的民俗类似。小安很快遇到了鉴别外国使者供奉的三个小金人哪个更贵的难题。否则，男丁就被充边。小安通过三根稻草鉴别成功。并请求将60岁者送进死人谷的习俗予以更改。尽管未能如愿，但是，佛陀告诉居士子对于父母要"顺者为孝"。第二个故事则是现实题材，心脏移植的坤叔与坤婶处于中年的离婚状态。面对这种困境，佛陀教诲居士子：夫妻之道，相敬如宾。第三个故事是少女妙善，不想把芯片植入胳膊。于是，在叔叔的帮助下，逃离了没有道德的机器社会。佛陀开始说："对于夫妻、师长、朋友、仆人、修行者等，礼此诸方已，施主得升天。"释迦牟尼佛在《善生经》中告诉世人如何才能让个体生活安乐，使生命有价值、有意义；如何让家庭生活幸福美满；如何让人际关系和谐发展。

（四）高僧大德的韧性

在传播佛法方面，很多高僧大德都是披肝沥胆。例如动画电影《鉴真大和尚》，再现了鉴真和尚曾历时10年、6次东渡，虽双目失明而矢志不渝的慷慨悲歌。电视动画片《玄奘》（见于"中华五千年"系列电视动画第32集），展示了玄奘远赴天竺、取经求法等情节。当然，电视动画片《玄奘》由于篇幅有限，而没有深入展开玄奘远赴印度行程的凄苦、寂寞、恐怖等心理。

◈ 动画响菩提 ◈

  玄奘西行求法十九年，历尽千难万险。在沙漠中迷路，四天四夜，滴水未进；他被劫数次，其中一次险些被强盗作为供品祭了河神；天山顶峰，雪崩突来，险象环生，防不胜防。过葱岭北部时，"其山险峻，峻极于天。自开辟以来，冰雪所聚，积而为凌，春夏不解，凝沍汗漫，与云连属，仰之皑然，莫睹其际。其凌峰摧落横路侧者，或高百尺，或广数丈，由是蹊径崎岖，登涉艰阻。加以风雪杂飞，虽复履重裘，不免寒战。将欲眠食，复无燥处可停，惟知悬釜而炊，席冰而寝。七日之后方始出山，徒侣之中殁冻死者十有三四，牛马逾甚"[①]。除了自然的险峻外，还要克服孤独、恐惧，以及西域小国家施予的国王的奉承、至高的荣誉、美丽的女子等凡俗诱惑，玄奘视这些为修道的一部分，甚至不得不以绝食的方式求得继续西行。"大千世界是禅堂"，他每克服一个障碍，就在觉悟的路上前进了一步。高僧大德的求索历程，其坚韧、智慧与舍我其谁的担当，都是中国传统文化人格的品鉴。

  佛教文化的上述社会功能，很多人还没有意识到。所以，在众语喧嚣的互联网时代，佛教不能没有自己的"话语"和"声音"。而佛教动画，正是佛教弘法利生的主流方式。在信息时代和视觉化时代，佛教要适应现代社会的剧变、快节奏，以及信息汲取、传播方式的网络化，佛教动画必然成为佛教传播的主流方式。动画的本体契合了佛教的义理思维，加速了佛教动画的制作与网络传播。佛教动画传播不仅是佛教教义的形象化与通俗化，也是传播中国传统文化的载体之一。

[①] （唐）慧立、（唐）彦悰：《大唐大慈恩寺三藏法师传》，中国社会科学出版社2003年版，第27页。

第三章　动画电影叙事中的"佛语"

手冢治虫创作的佛教题材漫画《佛陀》，由手冢治虫工作室与泰国共同完成，于2010年公映。亚洲佛教动画电影还包括韩国的《五岁庵》、泰国的《小战象》等。中国首部动画影院长片《铁扇公主》取材于佛教文学《西游记》，契合了抗日战争期间需要举国上下团结一致、鼎力抗敌的形势。中华人民共和国成立后，佛教文化在文学艺术中渐渐退隐。与《铁扇公主》同一题材的《大闹天宫》（1961—1964年）尚且还有争取自由的色彩，而《哪吒闹海》《九色鹿》等影片则已缺失了佛教文化的内在肌理，脱落为契合当时社会氛围的儿童游戏或者道德话语。《三个和尚》在国际动画界再创国产动画电影短片风格的复兴。由于没有长片电影的创作条件，以至于中国动画电影只是在实验短片中进行所谓的艺术探索，或者动画创作者的自己言说。

至于本应有佛教文化浸润的《宝莲灯》中，已经缺失了佛教文化中的人生哲理和悲悯情怀。面对韩国、泰国佛教文化题材动画电影的迅速崛起，国产动画应该站在亚洲电影的视野进行自我审视，在文化层面进行犀利的反思：我们如何离析出佛教文化对动画有裨益的内容，转化为动画电影的规律及创作思维？为此，我们可以在归总一些佛教动画后，发现一些共通性。

一　儿童寻找亲人的故事架构

《五岁庵》中，年幼的吉松曾经跟寡母和姐姐相依为命，生活虽贫穷但有亲情遮风挡雨。无情的大火夺去了母亲的生命，也弄瞎了姐姐的眼睛。为了不让吉松伤心，姐姐隐瞒真相，带着弟弟到处流浪，寻找妈妈。经历了孤儿的凄苦和被欺凌，吉松姐弟被一家寺院收留。后来，由于思念母亲吉松破坏了寺庙的秩序，听说进山能够见到母亲，就跟随和尚进山修行，开始了再次寻找妈妈的行程。

《小战象》中，与母亲和族群离散的童年小象甘桂由于失魂落魄，被村民逮住，稍微清醒一点后，诧异于其他成年象群的体力劳动，愤怒于淘气小孩的欺负，当小美女象偎依在妈妈的怀抱时，飘零的小象甘桂触景生情，辛酸地回想起了曾经给自己呵护和温暖的妈妈。

由于儿童没有受到磨难而心灵纯净、活泼好动，依稀地有"万物有灵"的心理，构建了一个与成人不同的无功利的童话世界。这种人类幼年的思维与心理状态，再加上主人公孤独寄世的哀怜，易于引发观众的怜悯和共鸣。因此，很多动画故事都以此为叙事框架，例如日本电视动画片《聪明的一休》，改编自瑞典童话的日本电视动画片《尼尔斯骑鹅旅行记》，日本的动画电影《千与千寻》，美国的《海底总动员》《公牛历险记》等，法国的《米娅与咪咕》，中国的《鹿铃》《小蝌蚪找妈妈》等，都采用了与亲人离散之后的儿童，历经磨难寻找父母的架构。世界各民族的语言千差万别，但母爱是人类共同的主题。儿童寻找父母尤其是母亲，是激发观众情绪的基点。相形之下，同样以寻找母亲为故事架构的《宝莲灯》中的男主角，没有一般儿童的胆怯与脆弱，而是一个刚性十足的勇士。这跳脱了儿童心理的角色，反而钳住了观众对于角色的情感倾注。

在故事的整体架构上，《五岁庵》淋漓尽致地运用了佛教观念。佛教的原始出发点，是断定人生为"苦"。它对"苦"的分析很细，生老病死的人生自然现象是"苦"；"怨憎"者相会，相爱者别离，所求者不得等社会现象也是"苦"。作为动画电影，儿童

"乐"的主要表现即游戏与淘气,还是能够令人暂时忘却对苦的哀怨与惧怖的。

在此,还需澄清,儿童的游戏与成人的滑稽还是有差别的。《铁扇公主》中,孙悟空撞到鼎上以至于脑袋缩进了脖子里、拔了半天才拔出来是幽默,与舞台表演中卓别林的滑稽剧相仿。但是,中华人民共和国成立之后的动画电影由于定位于"儿童教育",动画中的角色渐渐疏离了童真。不仅少了游戏,连滑稽、幽默也都规避了。动画角色的行为特征,一般都是勇敢、机智、顽强与大无畏,如《草原英雄小姐妹》《两个小八路》《海力布》等。真正恢复了幽默色彩的动画作品应该是《三个和尚》。《喜羊羊与灰太狼》虽然讲述的是动物故事,但是,其中大量潜伏、充斥着成人的黑色幽默。灰太狼的戏谑,犹如戏剧中滑稽的"丑角",还不是童真游戏。相反,儿童游戏的特征"为一种完全有意置身于'日常'生活之外的、'不当真的'但同时又强烈吸引游戏者的自由活动。它是一种不与任何物质利益相联系的活动,从它那里无利可图。它按照固定的规则并以某种有序的方式活动在它自己的时空范围内。它促进社会团体的形成,这些团体喜欢用诡秘的气氛包裹自己,同时倾向以乔装或其他方式强调他们与普通世界的不同"①。"游戏的第三个主要特征:它的封闭性,它的限定性。游戏是在某一时空限制内'演完(play out)'的……游戏开始,然后在某一时刻'结束'。游戏自有其终止……比时间限制更为突出的是空间的限制。一切游戏都是在一块从物质上或观念上,或有意地,或理所当然地预先划出的游戏场地中进行并保持其存在的……竞技场、牌桌、魔法圈、庙宇、舞台、屏幕、网球场、法庭等,在形式与功能上都是游戏场地,亦即被隔离、被围起、被腾空的禁地,其中通行着特殊的规则。所有这些场地都是日常生活之内的临时世界,是专门用来

---

① [荷兰]约翰·胡伊青加:《人:游戏者——对文化中游戏因素的研究》,成穷译,贵州人民出版社1998年版,第16页。

❖ 动画响菩提 ❖

表演另一种行为的。"① 从游戏的形式看，游戏要么表现为一场比赛，要么成为一场最佳地表现某事物而展开的比赛。例如《五岁庵》中，顽皮的吉松为了追小松鼠爬上了树枝，却被小白狗追得下不来。到了山里，吉松还是打雪仗、追小鸟。《五岁庵》中的游戏是在吉松与小动物之间展开的；《小战象》的游戏，是在参加各种劳动和比赛的时候展开的。乡村老人训练象群推木头、过独木桥、爬过障碍物等活动，具有儿童游戏的意味；在王宫比武场上的拽拉原木、推原木等项目，既具有奇观的角力场景，也是另外一种无功利的乐趣与童真游戏。

相形之下，《大闹天宫》中小猴子之间的戏耍、《哪吒闹海》中儿童海边追逐、戏水的场景，还属于儿童的游戏，但是如今的中国动画电影忽视了游戏的主体——儿童及童真，连带地忽略了与童真共生的动画本性。

苦乐作为生活的两极体验，在影片中是角色顺逆不同的境遇，同时也是影片的情绪与节奏。《五岁庵》中吉松体味了世间的各种"苦"，直到荒野中孤寂而死的时刻，才在"救苦救难、大慈大悲"的菩萨像的壁画前安然离世。身为父母的人都可以感知到，吉松的"苦"，是心灵的无所依傍、漂泊与恐惧，然而这个白天欢快的男孩，隐匿了内心的脆弱。不同年龄的观众，都可以从不同层面与角度体味吉松的苦与乐。毋庸讳言，《五岁庵》的结尾稀释了幼儿死难的凄惶与惨烈。影片的故事暗合了佛教文化的"皈依"，即只有皈依才能化解世间的万千离愁别绪，求得心灵的宁静与清澈。然而，小战象也经历了千般"苦"，但是在"苦"中不断地跳脱成长，才最终成为护卫国家的战象。《哪吒闹海》中的哪吒亦是死而再生。

---

① ［荷兰］约翰·胡伊青加：《人：游戏者——对文化中游戏因素的研究》，成穷译，贵州人民出版社1998年版，第12页。

二 历史元素对画面符号的锚定

相对于纪录片的真实影像，动画的画面本质上仍然是意义模糊的抽象符号。只有运用音乐、音响、台词等，才能将混沌的画面明晰地表现为鲜活的表象。而在动画电影的开篇就运用旁白来叙述故事的历史文化背景，无疑会增加画面语义的清晰性，甚至拓展影片画面的寓意维度和景观空间。

影片《小战象》的开篇通过旁白，表明甘桂的父亲帕拉是阿育陀耶城国王的战象，在战争中阵亡；甘桂跟随泰国王子殿下南下战斗。从而为影片勾勒了一个历史真实的情境。同样，《五岁庵》的开篇，述说影片原型为韩国新罗善德女王时代梅月大师修行的故事。可见，上述影片在开片表明历史的真实性，从而，既为动画角色注入了真实的活力，也铺陈了影片的走向，同时，还在玄幻、想象与真实之间形成了张力。

《铁扇公主》的开篇是一个和尚在唱经，而字幕是："西游记，本为一部绝妙的童话，因世多误解，致被用为神怪小说，本片取材于此，实为培育儿童心理而作，故内容删芜存精，不涉及神怪，反以唐僧等四人路阻火焰山，以示人生途经中之磨难，欲求经此磨难，则必须坚持信念，大众一心，始能得此扑灭凶焰之芭蕉扇。"这借鉴了孤岛时期佛教电影的手法，但又规避了一些充斥封建迷信古装电影的嫌疑。借着抚慰民众心灵的佛教手法，顺应民众谙熟《西游记》的文化心理，却展示了新颖的主题。《三个和尚》开篇，也采用了表征寺庙的木鱼敲击声。这些历史文化的元素，增加了观众对故事时空相关历史信息的理解。

当然，历史文化的质感，并非在影片的开端铺叙既可，也需要在动画电影的场景设计、角色礼仪、佛教文化（如建筑、器物等）等元素之间得以贯通，强化和印证历史文化的氛围。《小战象》中，"少小离家老大回"的甘桂与母亲在王宫相聚，在父亲帕拉的遗像前，母亲讲述父亲的辉煌并哀婉地劝阻，甘桂也萌生了放弃当战象的念头。没想到帕拉生前的战友力劝甘桂献身国家，还取下了帕拉的遗物环相赠。物是人非、生离死别，父亲的遗像在此贯通，激荡了历史、生死的情愫。当甘桂与王子踏上悲壮的征途时，甘桂的母亲没有阻拦，只是在帕拉的遗像前，祈求他保护好儿子。这是母亲在母子亲情与民族大义之间的痛苦抉择。类似的场景、情感及角色行为的走势，在《公牛历险记》中如法炮制。

历史元素对于意义游移不定的、假定性画面起到了明晰意义的作用，"符号学家罗兰·巴特用锚来形容图像与说明文字的功能。他认为：'视觉图像的意义是多元分歧的，一连串符号义浮动于其中。文字可以固定那串浮动的符号义，以解除不确定性。'片中的字幕对意义的第一层次而言，它们具有命名的作用，它们指称了图像是什么，并为那碎片式的图像分了段，在观者的经验范围内为图像定位。在第二层次里，字幕引导观众解读，并提供了一种'优先解读'的方式，即按照导演的意图解读"[①]。

可见，历史文化背景的铺陈，赋予原本"多义性"的动画画面相对写实的界定，增加了观众对"写实"的预期并引发观众的思考。

三 人、动物、神的转换与融通

《五岁庵》中的小狗、小松鼠等小动物，都是儿童吉松的玩偶。吉松是个淘气的儿童，代表着现实生活。佛像与寺院代表着彼岸的佛国净土。影片结尾，深山孤寺中的菩萨像壁画，给予受到饥饿与恐惧折磨的吉松心灵的慰藉。影片编织了孤儿、佛教、

---

① 孟建、阎瑾：《申奥片：作为"视觉游说"的经典文本——对中国2008年奥运会申办宣传片的视觉文化传播分析》，载孟建主编《图像时代：视觉文化传播的理论诠释》，复旦大学出版社2005年版，第238页。

慈善等多维的生命空间。《小战象》中的小战象是一个动物,但具有人的情感。当小战象在王宫中见到了久别的母亲并见到父亲的遗物之后,便受到了冥冥之中神力的驱使而踏上报效国家的征途。神力之源究竟是什么?无疑,这充满了各种神秘与多维的想象空间。

  在《铁扇公主》中有平民民众、肉眼凡胎的唐僧、具有超常法力的三个徒弟、牛魔王和铁扇公主。而孙悟空、猪八戒、牛魔王、铁扇公主就是人性、动物性、神性的杂糅。《哪吒闹海》中的哪吒死而复生之后,脱胎换骨成了神灵。《三个和尚》中乌龟、蝴蝶、鱼、老鼠、乌鸦、喜鹊等小动物,表征了三个和尚各自的特性;三个和尚是人的符号;山巅小庙中的菩萨塑像,是神仙的代表且从旁观的角度参与了叙事。小道具在动画片中还是很重要的,也是我国戏剧常用的表现手法,"如《庆顶珠》的'珠'、《珍珠塔》的'塔'、武松身上的'哨棒'、宝玉身上的'玉',以及《红色娘子军》的银角子、《祝福》中祥林嫂手上阿毛的鞋等例子很多,这些微小而有特征的东西,在戏剧的进展过程中,往往蕴含着深刻的意义"[①]。小道具,仿佛是一个小黑洞,或者是蚌中的"珍珠",在成长的过程中,蚌不断受到外界的各种刺激,分泌各种物质最终融化并附和到了珍珠身上,同样,小道具不断吸收剧情中的信息,表面上是小道具,实际上在观众心中不断成长,不断承载着新的情感,并成为当事人表情达意的"信物"。小道具,不仅自己吸纳信息,也不仅是无生命的东西,而是在成长之后,可以自己说话,可能是牙牙学语,也可能是滔滔不绝,更可能是泣不成声,或者如老妇号啕,总之,关键看其长大之后的场所,以及表达的情感。或者说,像一个古玩的玩家,不断地把玩一个玉石玩件,玉石不断地"润",才更有生色。无论人、动物还是神灵都是一个生命体,《菩萨睒子经》说:睒子菩萨"履地常恐地痛",这就是一种慈悲意

---

① 韩尚义:《电影美术漫笔》,上海文艺出版社1979年版,第39页。

识，并提倡不杀生而积极护生。在儿童的境界中，没有"你我"之分，而是"万物有灵"。

因此，佛教动画电影的角色，能在广阔的空间中展示丰富的语义。在当今数字影像时代，汹涌的影像逼促着观众提升了图像阅读能力，改变了观众的阅读速度与假定性的感知水平。因此，当前动画电影角色的"神性"不再简单依赖外在的敷设，而是需要角色的内涵及其活力。例如《怪物史莱克》中的史莱克、《神鼠料理》中的老鼠、"功夫熊猫"系列中的熊猫等角色，其外形虽然是动物的变形，但都有普通凡人性格提升的艰难过程。至于性格提升之后的"壮举"则是奇观，是角色的"成年礼"。

《小战象》展示了角色成年之后的担当。在战场上，甘桂受伤而畏惧不前的时候，国王用壮怀激烈的语言激励甘桂，甘桂挣扎地站起来，拼出洪荒之力，最终完成了"擒贼先擒王"的功勋，也让血雨腥风的战场发生了胜负瞬间的陡转。从角色设计角度看，淳朴忠厚的甘桂的性格却又拙于言辞，暗合了东方文化中的"大智若愚"。《小战象》几乎勾染了东方文化的价值观。相反，在美术和音乐方面添加了中国元素的"功夫熊猫"系列，也能引起中国观众的大笑，但是一副油腔滑调的美国式戏谑，仅仅满足了观众"欢愉"的享受而已。

小人物的受难与磨砺，是角色成长的必经之路。《哪吒闹海》中哪吒的性格变化，源于死而复生。然而，《宝莲灯》等一些国产动画中的角色性格没有经历"淬火"过程，甚至，没有给这些角色以"性"与"命"，这些角色就径直参与了"担当"，这些角色只是一个"玩偶"，而非生命体。

无论人、神、动物，其内在的魅力不是上天入地、天马行空，或者自身的简单裂变或奇异功能，而是角色心理的朴实、心理的递进与成熟，否则，整个影片就犹如"化装表演和噱头"[①]，其角色

[①] 朱自强：《儿童文学论》，中国海洋大学出版社2005年版，第109页。

仅仅是一个没有生命的符号，而非一个角色。

四 佛教艺术形象介入叙事

佛教认为贪、瞋、痴是万恶之源。贪爱的欲望使个体对人生的佛理产生种种的无明，追求名利不得而嗔怒，不仅生前痛苦不已，并且会招致死后在"六道"中"轮回"的苦痛。"佛教解脱的目标是涅槃。'涅槃'梵文的原意是指'火的熄灭'。佛教的意思是通过修习熄灭生死轮回而达到的清明的净土境界。《杂阿含经》卷十八这样解释涅槃：'贪欲永尽，瞋恚永尽，愚痴永尽，一切烦恼永尽，是名涅槃。'"所以，在佛教动画电影中，《铁扇公主》因为讲求慈悲为怀，所以孙悟空等民众只是捆缚牛魔王而未杀死他，给他幡然醒悟的机会；《三个和尚》讲求出家人应该修炼身心，去掉贪、瞋、痴之后，成员之间自然会和谐相处；《九色鹿》体现了"善恶有报"；《五岁庵》表达了菩萨的救苦救难，甚至表现了菩萨为了接引众生而随机示现，依此，影片结尾出现了菩萨光芒万丈的奇观。慈悲不仅是个主题，还是角色的心理升华之后的生命体悟。角色心理的成长，承载了影片的主题。可见，主题与角色的心理之间互为表里。

蕴含在《小战象》中的因缘思想构成了情节叙事的神奇力量。年幼的小象为了找寻离散的父母误入军营，被军兵追杀得走投无路而偶入了身为阶下囚的小王子的帐篷中，两者见面，没有相互戒备，而是感觉亲切。心魂未定的小象，在王子面前虽然有些胆怯，但是没有敌意与戒备。这时候二者心意相通，原因是什么？观众在观影的时候，不同年龄、不同文化背景的观众可以进行不同层面和维度的解读。从小王子的角度，父王战死，家国沦丧，他或许因小象被人追杀的境遇而感到同病相怜；或许，小王子想念曾经为国捐躯的战象而感恩所有的小象，此时是爱屋及乌的移情；又或者，从佛教角度，二者有着"前世今生"的因缘。

◈　动画响菩提　◈

总之，身陷囹圄的小王子呵退了围剿甘桂的追兵并让其最终逃脱。这些都是人之常情，但是，这种感情是意念丰富的，能够激发不同年龄的观众进行不同层次的思考。而且，这貌似无心的闲来之笔，却为后面王子让暴怒的甘桂趋于平静并臣服的情节做了神奇的铺垫。如果说，《小战象》中的佛教文化是叙事的内在动力，那么，有的影片中的佛像本身也参与了叙事。例如，《五岁庵》中的吉松在和尚们安静地做早课的时候，走进佛堂，甚至攀到佛像的高台上，摘取佛像手中净水瓶中的花束。这种莽撞、失礼的行为遭到了一些和尚的瞋目，但是，普度众生的如来佛却永远微笑，这与佛门弟子嗔怪吉松的愠色形成了对比。《三个和尚》中，寺庙中菩萨像的表情，随着三个和尚的争斗而逐渐发生变化，开始是闭目安神；接着"观音睁开眼，见三个和尚抢夺净瓶水，生气皱眉"；老鼠咬坏烛台引发帐幔燃烧，三个和尚闭目养神，"烟雾弥漫，观音皱眉"；三个和尚奋力灭火之后，安装了辘轳解决了打水问题，观音睁开眼睛露出笑容。

　　佛教文化介入叙事，不是简单地图解佛教文化，而是将之融化在角色行为的内在肌理之中，建构在角色之间的矛盾关系里。甚至，对于场景的含义，也发生着刺激、辐射，场景中的元素及其排列、布局，尽管没有发生明显的变化，但是，其语境的含义却发生了变化。"除了不同寻常的山水风光和大自然的奇妙神力，人们头脑中的超验意识、神性灵感、宗教信仰和想象等，也会激发艺术家创作意境高远的孤寂山水画。人们对神灵的膜拜总是很自然地与崇高相联系，因为关于神的各种想象很容易激起一系列不可思议的情感，如惊奇、迷、狂喜、敬畏、恐慌等。这种崇高的作品往往拥有一种无限的启示录一般的感觉，让观者对上帝或未知世界充满向往和神思。"[①] 极具代表性的场景就是《龙猫》中，微雨过后的夜晚，姐妹俩在孤独的森林小站等候公交车的时候，路灯的光透过参差的

---

① 章华：《思想的形状：西方风景画的意蕴》，北京大学出版社2011年版，第16页。

枝叶，光影斑驳，但是，树影暗处，有一尊很小的土地神的雕像。如果说光影斑驳，还只是姐妹俩孤独与复杂心绪的外在表现，那么，一尊土地神像，则重新塑造了场景的意味。

对于如何看待画面及其意义，索绪尔（Saussure）的符号理论做出了精准的解释。符号由"能指"与"所指"构成。而"能指"与"所指"之间处于一个没有必然联系的"滑动"状态。在实际交流的过程中，对"滑动"的认知与破译就是对意义的定位与解读。而且，这种"滑动"，不仅是在不同文化之间，对同一"能指"的解读与判定也是"滑动"式的。从历史纵向演进的维度看，这种"滑动"表现为"能指"与"能指"之间、"所指"与"所指"之间都是"滑动"的。索绪尔借用黄金与纸币之间的关系进行类比，"既不信任记号也不信任黄金，而是清楚地看到，纸币与黄金的联系、'能指'和'所指'的联系是移动的、不稳的，此联系并无任何保障。它是受制于时间、历史之变迁的影响的"①。

亚洲各国传统文化都面临着全球化的冲击与嬗变。而韩国、泰国焕发出了来源其传统文化的佛教动画。历经几千年发展未消亡的佛教文化，构建了因果相续的哲学体系和生命解脱的规范，身处飞速流转，或紧张或愤懑的现代境遇中的动画电影创作者，可以借助佛教文化来清洗身心，寂静灵魂，明心见性，并汲取丰沛的生命情思，灌注本来为"无"的动画角色，借助佛教文化的生命理念来生养、呵护角色，并看护他，完成一段生命流转的成、住、异、灭。可见，佛教文化给动画创作者以丰富的孕育动画角色的理念与方法。

这种生命理念，对于本以虚空假定性为特质的动画电影而言，无论体现为单一的画面，或者连续的角色运动，或者情节段落，或者影片的主题等，都使一部动画电影洋溢着文化气息，流动着心灵

---

① ［法］罗兰·巴尔特：《符号学历险》，李幼蒸译，中国人民大学出版社2008年版，第162页。

◈ 动画响菩提 ◈

感应，令观众在内心感动的同时追思无垠。没有生命力的角色设计，只是一个符号，或者是一个玩偶；没有生命的寄托与命运承载的剧情，只是一个平面拼贴的"皮影戏"。这是当前的国产动画电影应该引以为鉴的症结。

第四章　佛教与动画叙事空间

动画空间是指角色休养生息的所有场景，不仅包括角色活动的有形的场景，如庭院、家居与城市等，还包括无形的身世、文化与社会关系。

信立祥研究发现，汉代人的宇宙观由从高到低的四个部分构成。第一个宇宙层次是天上世界，这是一个由作为宇宙最高存在的神祇、诸多人格化的自然神和诸神组成的世界。第二个宇宙层次是由西王母居住的昆仑山代表的仙人世界。第三个宇宙层次是现实的人间世界。第四个宇宙层次是地下的鬼魂世界。以上信立祥的方法，把天上诸神世界和仙人世界进行了划分，即在画像石研究中把神与仙具体地区分开来。这样，他按照其所归纳的汉代人的宇宙观，把汉画像石的题材内容分为"天上世界""仙人世界""人间世界""地下鬼魂世界"四大类。① 这四种空间后来被佛教简化为"天上世界""人间世界""地下世界"。而动画空间，一般被简化为"人间世界""异化世界"，后者包括了人间世界以外的各种形式或者类型的空间或者文化群体，例如会飞的小飞侠与海盗、海底的美人鱼与海边的人类的空间都是不同的。而动画中，即使是人间世界，也可以分为人间世界和异化世界。例如，美国动画片《钟楼怪人》中主要是人类生活的人间世界，但是，卡西莫多生活的钟楼，因为与世隔绝且有一些可以随意复活的石雕动物，所以，钟楼

---

① 参见信立祥《汉代画像石综合研究》，文物出版社 2000 年版。

可以被视为异化世界。而日本电视动画片《聪明的一休》中，一休生活的安国寺和其他生活场景，可以被视作人间世界，但一休母亲生活的皇宫，由于幽深和复杂的权力争斗，可以被视为异化世界。动画空间敷设了一个与人类世界相对立的异化世界，促进了矛盾的交织与推进。

一 动画叙事空间的类型

一部动画，无论其观众定位于哪个年龄段，无论动画角色是人类形象还是怪兽，无论具有什么样的出神入化的灵异能力，其叙事都需要两个可以对话、碰撞、交流的空间或世界。比如以青少年飙车为题材的《头文字D》，其角色都是人，从表面来看，没有两个空间。但实际上，影片中的两个空间分别是日常生活与车技奇观场景。与此类似的是日本电视动画片《灌篮高手》（导演为西沢信孝，1993—1996年），其空间分别是炫酷比赛的球场与日常生活场景。至于改编自意大利作家艾德蒙多·德·亚米契斯（Edmondo De Amicis）的《爱的教育》的日本电视动画片《三千里寻母记》，主人公马可只身前往阿根廷寻母的路程长约12000公里，横跨欧洲、非洲和美洲。这是一个游记类型的动画片，其空间可以分为意大利的家庭环境和家庭所在的社会环境，以及有惊无险的旅程。粗略爬梳可知，动画的叙事空间可以分为11种类型。

（一）人类与奇异种群

奇异种群是相对于人类而言的。例如美国的动画片《阿凡达》中潘多拉星球纳美族，身体为蓝色，且有尾巴。《小美人鱼》中的海底生活着鱼尾人身的种群。日本的动画片《借东西的小人》中的小人，体型异常的微小，与人类的正常视野形成了巨大的反差。《红猪》中的主角则是猪脸人身。

而《大护法》中，人类与奇异种群之间的空间塑造，反差极大。花生人的村庄依山而建,鳞次栉比,仿照巴西贫民窟的原型而设计。村庄房屋的色彩是蓝色。近观建筑物则为令人压抑的深蓝色,这与花生人的逆来顺受、冷漠、猜忌、告发等心性的冷酷与乖张,形成了互为暗喻的指代关系。而远观村庄,由于光影的明暗,又显现为浓淡不均的淡蓝色,让观众在感受到一剂清凉的同时,还有一点亮色的希望。这种感受,与隐婆、小姜等角色的善良与抗争形成了对比。这些村庄中,还有一块块繁工重彩绘制的巨幅画板,分别是中国年画或人物画,这些画的色彩与花生人的环境形成了强烈的反差,同时,这些画中人物的神情,又给观众增加了一个审视花生人命如草芥的神秘视点。与地面相对的是,花生人村庄半空中,悬浮着一颗巨大的黑色花生。这些色彩的反差与对比,已经刻画了一个非世俗的神秘、怪异的空间。

花生人因为被吉安大人灌输贱民意识,而且处于随时被杀戮的险境中,所以,他们一般用衣服裹着身躯,甚至要用眼睛和嘴巴形状的贴纸,来遮掩自己。甚至花生人杀手,也处于包裹真实面目的禁锢中。对花生人可以肆意杀戮的罗单,都没有脸和表情。即使是出生于数百年来一直以守护国家为己任的奕卫国的大护法,也是"套中人"。外形像个冬瓜,身着带有红色盖头的斗篷,白色围巾,拥有可以劈砍也可以作为枪击的黑色乌钢斧头杖。斗篷的颜色类似血液的红色,本身就是血性、活力、奔放的隐喻,但是,这个斗篷连带着帽子,裹挟了手与前胸,只是露出了一张胖胖的脸。如果说花生人的包裹是恐惧,花生人刽子手、罗单都是没有心灵的躯壳,那么,大护法的严密包裹则是低调、警惕与孤独的。这是一个只有敌意而无法沟通的、森然壁垒的世界。以"套中人"为底色设计的花生人,隐喻着隔阂与惊惧。

无论场景还是人物设计,都成功地编织了一个令国人耳目一新的灵异空间。灵异、神秘是一部动画成功的基本特性,宫崎骏的作品常会有日本的乡土传闻中、油坊里、稻荷前的精灵神怪,渲染了《龙猫》《千与千寻》等世界中非世俗性的神秘语境,增强了神话的意味。而在近年来的国产动画片中,《大护法》首次成功形象地再现了这一动画的属性。

神秘,不是因为有腾云驾雾、喷火开山的妖怪,而是具有让观众感到的一种难以捉摸的、隐含些许恐惧的氛围和空间。这和希区柯克的影片的悬疑、惊悚是异曲同工的。

(二) 不同文化群落中的人类

《风中奇缘》中的角色分别是西方白人殖民者与北美大陆的早期族裔印第安人。日本的《东京教父》展示了东京的边缘群体,包括同性恋、离家少年及老乞丐的生活;《火影忍者》展示了古老的隐者生活与战斗;《浪客剑心》描述了明治维新初期的没落浪人绯村剑心的行侠仗义。可见,不同文化群落,既包括差异化的种族、不同亚文化的群体,又包括不同历史阶段的人物,总之,生活空间的错位,为各种矛盾的编织,制造了一个机缘巧合的矛盾环境。

(三) 生死的阴阳空间

《狮子王》与《小战象》都是儿子在成长过程中,父辈已经离世。虽然阴阳两隔,但是,冥冥之中的启示与呼唤,激励着孩子们经历磨砺、建功立业。在这两部动画片中,死者的空间,是虚幻的,没有明确展示。

(四) 人类与神奇动物

美国动画片《料理鼠王》的主角是一只神奇的老鼠,帮助了命运多舛的年轻厨师。同样的还有日本的动画片《大提琴手高修》,那些小动物纷纷在夜晚时分,来到高修破陋的屋里,帮助高修在大提琴上定音。美国动画片《小鹿斑比》则塑造了与人类斗智斗勇的斑比。法国动画片《青蛙的预言》中,有一只青蛙,预言了暴雨倾城、洪水泛滥的灾难。《悬崖上的金鱼姬》中的女主角则是金鱼化作了一个小姑娘。中国的动画片《麋鹿王》中,主角可以幻化为人型的麋鹿。《百变狸猫》中的狸猫会"易容术",能装扮成鬼神。日本动画片《精灵守护者》讲述了人类及其并行存在的精灵世界的故事。在人们肉眼看不见的精灵的世界里,水精灵一百年才产一次卵,新孵化的卵化身为精灵,反过来庇护人类社会的繁衍生息。但是,水精灵在孵化的过程中,充满被吞噬的危险,需要人类的守护。第二皇子查古姆被选为水精灵之守护人,而这会贬损皇帝的神圣性,因而,查古姆被视为不祥之物附身,遭到皇帝派遣的刺客的秘密追杀。受到来自康巴鲁国、使用短枪的女武士巴鲁萨的监护,皇子在民间隐姓埋名,躲避杀害。水精灵的卵化日临近,为了吞噬水精灵卵,精灵世界的土精灵食卵者,正四处寻找水精灵的守护人,年仅十几岁的查古姆和彼此视为亲人的巴鲁萨应对挑战。类似虚构动物的动画片,还有《河童之夏》等。

(五) 人类与异能者、神灵

在《冰雪奇缘》中,阿伦戴尔有两位年幼的公主:沉稳优雅的长公主艾莎(Elsa)和活泼开朗的小公主安娜(Anna)。艾莎生来便有控制冰雪的能力,这给姐妹俩日常的生活带来无穷的乐趣。艾莎将大厅变成溜冰场,按照安娜的样子堆雪人,姐妹俩玩得不亦乐乎。谁料突生变故,在雪堆上玩耍的安娜蹦跳速度太快,艾莎几乎接不住她,反因脚下打滑,一失手,艾莎的魔法击中安娜致其昏厥。控制冰雪的能力,就是一种异能。本来是神灵所具有的禀赋,被迁化到了人的身上。

在日本动画片《魔女宅急便》中,13 岁的魔女琪琪可以骑着飞行的扫帚去送信。《名侦探柯南》的主角柯南,是一个因为受伤而无法继续长高、但是智力超群的人物。与此类似的法国动画片《叽哩咕与女巫》、中国动画片《哪吒闹海》的主角都是一生下来就是童子身,但是智力超群,而且各自具有一些法力。在《埃及王子》中,后有追兵、前有红海,逃离埃及的耶稣在危难中请愿,此时,涛涛的红海断流,出现了两侧是浊浪滔天的一个通道。灵异或者奇幻，不仅是一种技能，更是一种另外时空的"法力"隐约的体现或者折射。

而在《灰姑娘》中，有人类世界与巫师世界。《灰姑娘》最为流行的一个版本出自法国作家夏尔·佩罗（Charles Perrault）。这个版本中新增了南瓜、仙女和水晶鞋。从前，有一位长得很漂亮的女孩，经常受到恶毒的继母与两位横行跋扈的姐姐的欺负，除了无端被呵斥，还被逼着去做粗重的工作，经常是灰尘满身，而被戏称为"灰姑娘"。有一天，城里的王子邀请全城的女孩出席舞会，但继母与两位姐姐为了阻止灰姑娘出席，想尽了各种刁钻的办法。当灰姑娘伤心之际，一位仙女出现了，帮助她变身成高贵的小姐，并将老鼠变成马夫，南瓜变成马车，又变出了一套漂亮的衣服和一双水晶鞋给灰姑娘穿上。灰姑娘很开心，赶快前往皇宫参加舞会。前提是，午夜 12 时以后，魔法会自动解除。灰姑娘答应了，她一出席舞会，挑剔的王子便对她一见钟情，立即邀她共舞。欢乐的时光过得很快，午夜 12 时即将来临，灰姑娘不得不慌张离开王宫。王子很伤心，只发现了灰姑娘仓皇间丢失的一只水晶鞋。于是，国王派大臣到全国探访，找出能穿上这只水晶鞋的女孩，尽管有后母及姐姐的阻挠，大臣仍成功地找到了灰姑娘。王子很开心，便向灰姑娘求婚。两人从此过着幸福快乐的生活。该片中的神奇动物，是魔法点化后的体现。

（六）角色外形与神奇命运的反差

美国的动画片《疯狂动物城》中，乐观的警官兔朱迪，是一只幼小的兔子，在食草动物与食肉动物划区而治的城市当警察。《疯狂原始人》中的原始人在原始生物群落中，遇到了很多可怕的惊险奇遇。"功夫熊猫"系列中，胖乎乎的熊猫，身具中华武功，还肩负着战胜恶魔、保护村落的使命。另外，迪士尼动画片《匹诺曹》（1940 年）的主人公是一个一撒谎鼻子就伸长的木偶。日本动画片《龙猫》中的龙猫身体呈灰色，是友善的森林守护者。龙猫可以变身为公共汽车,并在空中飞行。龙猫有 12 只脚,额头上会显示目的地,一般人看不见它。《小马王》(2002 年)中的小马王失去了小川之后,顿时觉得万念俱灰,当它孤零零地被赶上火车时,片中响起了《号角响起》这首歌。让它重新振奋的是意识到还有更重要的事要完成,那就是阻止人们把铁轨修建到他的故乡,并通过努力而成功了。出乎意料的是,小马王再次遇到了小川,就在他们因见到对方而高兴时,骑兵队上校带领手下再次出现,小马王和小川一起逃跑,跑进了峡谷,走近了绝壁,眼看敌人就要追来,小马王做出了一个惊人的决定——飞跃峡谷,由于对自由的向往,小马王完成了这惊人的一跃。这时上校也明白了,一颗自由的心永远无法被驯服,于是放走了小马王和小川。小马王,本是一匹骏马,却有着向往自由的倔强,以及保护乡村不受现代化破坏的侠义。

(七) 人类与鬼魅世界

2009 年,美国焦点电影公司与环球影业电影公司合作发行的木偶动画片《鬼妈妈》(又译为《第十四道门》和《怪诞随意门》)根据尼尔·盖曼(Neil Gaiman)的同名小说改编,由亨利·塞利克(Henry Selick)导演。该片荣获了第 82 届奥斯卡最佳动画长篇奖提名和安妮奖等多个奖项。卡洛琳是个典型的西方孩子,她勇敢、叛逆、喜欢探险、热爱大自然,讨厌规则和说教,与新邻居们相处困难。因为搬家,她远离了原来的朋友,与只管埋头工作而忽视她的父母关系冷淡;她要坚持强调自己的名字是"卡洛琳",而不是其他人口中的"卡萝琳";她也要负担起把父母从另一个世界拯救出来的责任。影片最后,她成功地救出了父母和三个鬼孩子的灵魂,而且她发现所有的邻居都可爱而友好。在影片中,卡洛琳开始就落入了"另一个妈妈"设置的完美陷阱。当那个和蔼可亲、满足她所有需求的"另一个妈妈"要给她缝上纽扣眼睛时,她才惊慌地发现情况不妙。凭着她勇敢、叛逆和坚持自我的本性,她坚决地拒绝了。但此时的卡洛琳还没有看清楚"另一个妈妈"的真实面目。直至听到三个鬼孩子的述说，遇到自己的父母被抓走和黑猫的引导，她才真正坚定了与鬼妈妈进行斗争、救出父母和其他三个孩子的决心。其实，如果我们对西方的丧葬礼仪有所了解的话，就会知道，西方的幼儿夭折之后，总是要在眼睛的位置，放一个纽扣之类的东西。所以，西方人一看到鬼妈妈类似纽扣的眼睛，就能分辨出她是一个鬼的精灵。与上述空间关系相类似的还有中国的动画片《小倩》、英国的动画片《僵尸新娘》、美国的动画片《坟墓僵尸》等。

（八）人类与内含高科技的角色

高科技的动画角色设计，最繁荣的是日本动画。日本机器人的先祖是横山光辉于1963年设计的"铁人28号"。它没有意识，完全受按钮的控制。接着是1972年拥有自我意识的"金刚"。1972年永井豪创作了人类可以驾驶的机器人——"魔神Z"。其他的高科技角色还有根据火箭变形设计的铁臂阿童木，根据仿生机器人塑造的奥特曼、机器人高达，以及有类似直升机的螺旋桨的机器猫等。到了《攻壳机动队》阶段，已经能够通过大脑芯片，将机器人大脑中的信息通过无线进行转移。甚至，这些机器人已经具有了人类的能力。美国动画中的高科技角色也有很多，例如超人、变形金刚等。《超能陆战队》中的大白，本身就是一个体现美国最新高科技的软体机器人。而《黑客帝国》《盗梦空间》《源代码》等动画片中的角色形象，也源自人工智能成果的启发。

（九）人类的意识与梦幻

具体到国内关于《阿凡达》的评论，一般都关注其动画技术或者影片在自然科学仿制基础上的瑰丽妙想。但是，对于该影片中角色生命的塑造方式却缺少分析。《阿凡达》采用了"魂灵出窍"与"附体"的巫术方式，故事架设的原理是一种宗教生命观。同样，关于生命的离合与转换，中国宗教也有自己的拆分与描述。中国佛教、道教认为人的肉体在修炼之后，不仅有肉体，还能够自我感觉到无形无相的阴神，以及有实质身形的阳神（元神），元神是身外有身，即化身。① 如果元神与某个肉体合二为一，那么这个肉体就是报身。

可见，中国宗教理论中的生命形态极其繁复与新奇。宗教的生命理论也许缺乏现代实证的检验，但作为一种生命形态的说理和铺设，有其神秘性和原始性。若可以迁移到动画电影的角色设计中，必然会增加其光怪离奇的想象力。

（十）战争、灾难题材

《我在伊朗长大》是一部法国的传记风格动画，述说了一个伊朗小女孩玛尔吉经历了国王被推翻、伊斯兰革命、伊拉克战争等历史巨变，同时也面临着在奥地利逃亡时的身份认同危机，以及由此而加剧的青春期的困惑、彷徨与抑郁等复杂的内心体验。全片以回忆的方式，展示了主人公玛尔吉小时候双亲、奶奶的疼爱，小伙伴的顽皮，以及内心无法磨灭的对国家政治动乱、"两伊战争"中众多人死亡的恐惧。与一般历史文化题材动画片不同的是，该影片不仅表现了成长的含辛茹苦，更清新而又犀利地表现了主人公对伊朗当时宗教政治腐化的抨击。该影片处理如此庞大的主题，却采用了儿童的简约视角。影片中，卧室里，小孩与圣像等的对话，充满了童真与灵动。

日本动画片《萤火虫之墓》割裂了历史的宏阔背景，仅以单一视点，展示日本平民在战争中的疾苦与劫难。影片中的两个主角是一对年幼的兄妹，其父亲由于参加了境外的侵略战争而死亡，母亲雪子则惨死于美国对日本土地的轰炸，两个孤苦无依的孩子不但要在枪林弹雨中偷生，还要忍受饥饿和乡邻的冷眼，甚至在因为饥饿而偷防空洞附近农民的蔬菜时，遭到了暴打。妹妹因饥饿和营养不

---

① 参见南怀瑾讲述《禅语生命的认知》，东方出版社2009年版。

良而早夭，哥哥在火车站气绝身亡。

除此之外，还有原子弹灾难题材。动画电影《光脚的根》，又译《赤足小子》，讲述了原子弹爆炸时日本民众受到的惨绝人寰的摧残。影片的主角是一个名叫"根"的小男孩，他目睹了日本民众受到核辐射之后的悲惨命运，赞颂了日本民众在骇人听闻的灾难和绝望中逐步奋起。同样题材的电影还有改编自井伏鳟二半自传体小说的同名故事片《黑雨》（导演今村昌平，1989年），该片运用黑白画面，表现了1945年广岛原子弹爆炸给日本民众带来的危害和恐惧心理。与《光脚的根》相比，《黑雨》没有停留于简单地描写惨痛，而是发出了"美军当时为什么没有轰炸东京"的追问，这似乎是借着民众之口，进行了愤懑的责问。

日本的此类动画，都侧重描摹普通民众的悲惨生活，但从没有追问造成灾难的政治、历史原因。换言之，这些影片寄望于利用人们的慷慨和善良，来削弱那些曾经遭到世界人民严厉斥责的第二次世界大战中日本军国主义的凶残与暴虐。不可等闲视之的是，这些影片在潜移默化地改写着新一代年轻观众心中的日本侵略历史。尤其是20世纪80年代以来，再次重现的原子弹伤害题材电影如《八月狂想曲》《黑雨》等，招致了美国和欧洲的批评："日本人一再诉说自己如何受害于原子弹爆炸的灾难，他们不是更应反省和描写日本是如何发动侵略战争吗？"[①]

（十一）宗教的意象与空间

《五岁庵》中，五岁的吉松和姐姐吉美自小失去了父母，过着相依为命的流浪生活，机缘巧合之下，姐弟俩得到寺院僧人的帮助，收留他们在寺院里生活。寺院内的生活轻松安稳，吉松年幼淘气，经常惹出小麻烦，但僧人们对他十分包容，还带领他进入修行的世界，令吉松单纯地相信，只要足够虔诚，就有机会见到他的妈

---

① ［日］佐藤忠男：《日本的战争电影》，《世界电影》2007年第2期。

妈。懂事的吉美已经双目失明，经常因为想念妈妈而偷偷哭泣，因怕弟弟伤心，没有向他说出母亲再不会回来的事实。冬天来临，吉松跟随僧人净觉到山上观音庵修行，但净觉最后一次下山采购时恰逢大雪封山，令他无法返回，五岁的吉松只身一人留在观音庵里，以他自己的方式终于见到了"母亲"。小男孩面容安详地离世，暗喻壁画上的菩萨像给予了小吉松终极关怀和救度。

美国宗教学者威廉·詹姆斯（William James）将一个人信仰基督教后的身心变化，概括为"圣徒性"，包括苦行主义、强健灵魂、纯洁和慈善，其中的"强健灵魂"，适应于小吉松的心理变化："生活的扩充感异常激昂，让平常无所不能的个人动机和抑制变得微乎其微，不屑一顾，并增加新的耐心和刚毅。恐惧和忧虑消失了，为幸福的恬静所取代。来吧，天堂！来吧，地狱！现在都无关紧要！"[①]

泰国的动画片《佛陀》，展示了佛陀修炼过程中很多的神启和异象。在《小战象》中，甘桂的父亲帕拉是阿育陀耶城国王的战象，在战争中阵亡。但甘桂母子并不知情。急于寻找父亲的甘桂，在一个夜晚脱离象群，在一个兵营中见到了遭囚禁的泰国殿下并在其保护下脱险。当回到曾经的栖息地的时候，母亲和其他的大象已经迁徙了。于是，小象甘桂成了孤儿。后来跟随偶然前来的小美女象小乔来到了一个村子。在此，小象甘桂成长为维护村民安危勇斗土匪的青年，并与小乔产生了爱情。但为见到父亲，甘桂跟随老人来到阿育陀耶城，意外见到了母亲并得知父亲已战死。悲痛的母亲劝说甘桂放弃成为战象，过平稳的生活。但甘桂在父亲帕拉战友的劝说下，依然成为王子的坐骑，并参加了王子挥师南下的战斗。在泰国遭到缅甸入侵的生死攸关的战役中，泰国王子骑着小战象与缅甸王子决战，力斩缅甸王子于象颈之上，小战象也成为泰国的民族

[①] ［美］威廉·詹姆斯：《宗教经验种种》，尚新建译，华夏出版社2005年版，第165页。

英雄。从角色塑造角度看，小战象几乎符合了所有东方人的价值观。

比武场上，甘桂看到分离已久的母亲被监禁在隔壁。就要胜出的甘桂，离开比武场，捣毁监禁母亲的藩篱。当母亲要被两只大象拖走时，甘桂突然暴怒起来，做出了狂哮的举动。在众人无法制伏的情况下，在远处观战的王子，走近与甘桂对视良久，让暴怒的小战象心平气和地卧下，成了王子的坐骑。这神奇的力量表面上是王子的博大气象，从另外的角度看，王子也许是突然意识到了这个威猛的壮年象，就是自己曾经施救过的小象，于是感念旧情；或是从甘桂的举动中，明确意识到了这个小象就是昔日的民族英雄，并确认了小象是战象的后裔；抑或是由于小象对母亲被侵犯而激荡起的舍命勇气，而判断出它一定有为国家效命疆场的舍我其谁的豪气。总之，这个神奇的举动，让不同年龄的观众从不同的视角参与了叙事。

小战象的造型就是一头普通的象，却承担了儿童、少年、青年、壮年的心理刻画，尤其是参与了历史事件，从而拓展了角色的"意谓"空间。日本动画片《孙悟空》和中国动画片《大闹天宫》都取材于中国的《西游记》，情节有很多佛教的哲学思想和神灵怪兽的异能。

上述分类，只是一个大致的类的划分，有时候，一部动画片的空间是几种类型的叠加。例如，《超能陆战队》中，大白的设计理念来自美国实验室最新的科研成果——软体机器人，小男孩脚下的支撑物，也是高科技的产物。洛杉矶的高空俯视图，是三维地图的呈现。小男孩的哥哥的死亡，则拓展了一个模糊但倾注了情感的死亡空间。小男孩还具有人小但精灵的柯南色彩。其中的宗教元素是，小男孩对于为了私利而制造了火灾的卡拉汉教授，最终没有进行"以命偿命"的复仇，而是给予了他一个心灵再生的机会。

以上分类，尽管具有很多疏漏之处。但是，这些类型的划分足以说明，动画片的故事空间不是人类单一的空间，而是两个或者三个空间，不同空间的关系犹如摄影构图"变焦"的虚实关系，只有这样，才能生成世俗空间与神奇空间的对话，并营造出一部成功动画所必需的神秘性。

二 动画叙事空间的塑造

国产动画之所以缺乏感人的力量、缺乏发人深省的遥想，原因之一在于故事本身缺乏一个与儿童心理一脉相承的"魅"。西方现代哲学出现了"祛魅"和"复魅"的概念。以马克斯·韦伯为代表的现代思想家，提出了"祛魅"，"即消解世界的神秘性，让科学来解释世界的一切。而后现代思想则认为，祛魅是行不通的，因为祛魅之后，'上帝死了'，真理和规范都没有了，人在很大程度上失去了依傍"①。而动画的本质就是要演绎一个"魅"，借以让现实生活钳制的身心，得以释放和成长。然而，并不是动画题材来自神话、寓言就自然有了"魅"，而是需要创作者的臆想和制造，渲染一个与当下生活迥异或者遥远的空间。

《狮子王》（1995年）中，每当小辛巴顿挫时，就回忆起老狮王木法沙在世时，曾在一个繁星满天的黑夜，与自己一同站在旷野上，对自己讲过的话："过去那些伟大的君王从那些星星上看着我们，所以当你寂寞的时候，要记得那些君王永远在那里指引着你。"这段讲话，与星河灿烂的夜空，倏忽间，渲染出一种超自然的无形力量，并在星空的玄妙和地上角色的命运之间建立了一种隐约的关联，从而给人一种前世今生的"命运感"。其实，这种神秘来自于剧情的铺垫。木法沙的语言富有哲理，"一个国王的统治跟太阳的起落是相同的，总有一天太阳将会跟我一样慢慢下沉，并又在你当国王的时候一同上升"。"世上所有的生命都有他存在的价值。"这些台词当木法沙在世的时候，是一位慈父的激励，而台词本身的巨

---

① ［美］大卫·雷·格里芬：《复魅何须超自然主义》，周邦宪译，译林出版社2015年版，第1页。

大空间，在木法沙去世而小辛巴面临险阻时，就成了灵异空间的暗示。

推而广之，欧美动画之所以久盛不衰，是因为动画创作者在宗教心理和宗教情怀的基础上，依然保持着与儿童心理相通的人类早期神话的原始思维。"最早期的神话告诉人们如何洞悉眼前的有形世界，去发现另一种似乎包含着某种'彼岸性'的真实世界。不过它并不要求'信的飞跃'，因为在那个阶段，在神圣与世俗之间还不存在形而上的本质差异。当那些早期人类注视一块石头时，他们看到的并不是一块了无生气、千年不移的石块。它有力、永恒、坚固，是另一种象征着绝对的生命式样，完全不同于当时显得风雨飘摇的人类生活。石头迥异于人类的'他性'，为它带来了神圣感，在远古时代，石头成为最常见的'显圣物'——神圣之物的自我显现。再例如，一棵树不费吹灰之力就能进行自我复生，将凡俗男女无法拥有的奇妙生命力具象化，变为可见之物。同样，当他们目睹月亮的盈亏，又再度发现了一种'复活'的神圣力量，它既严酷又仁慈，既令人恐惧又给人安慰。树木、石头和天体本身并不值得敬拜，但却因为它们所显现出来的某种隐形力量而受到敬拜。这种力量无比强大，而且在自然界极为罕见，它驱使人们相信另一种更高的现实存在。"[①]

由是观之，石头是一种绝对的生命样式、树木体现了生命力，而这些都是原始社会，人的生命脆弱的状态下思考生命的方式，是美国、日本的动画魅力不断的源泉。

与当下空间相对的动画空间的塑造，为动画片增加了神秘性，增加了动画角色能力拓展的可能性。而且，动画空间的塑造需要国际化元素的转换。动画本身就是世界各国文化资源、流行元素的剪取与再生。不仅美国动画取材于中国文化元素加以动画表达，宫崎

---

① ［英］凯伦·阿姆斯特朗：《神话简史》，胡亚豳译，重庆出版社2005年版，第19—20页。

骏的动画也多引用西方神话、人物形象并加以动画的熔炼。

国产动画片《大护法》成功地塑造了人类、花生人两个空间，在场景的模仿与转换方面也极具新意。"为了象征意识力量的扩张，艺术家会增加四肢和头的数量，并突出身体的其他特性。缩小、扩大或分离身体的某些部位是艺术家采取的其他策略。"① 花生人、罗单等角色造型设计，在中外动画史的角色之林中，都有其独创性。影片中枪战的场景犹如四通八达的迷宫，而这种设计是模仿蚁穴与蜂房的结合体，尤其是一些巷道的外观，就是一个蜜蜂蜂巢的巨大变体。这种具有仿生意味的艺术构思，确实别具一格。

另外，影片中有个场景，则是移用了梵高的《星空》。大护法受伤后躲进一个洞穴，坑洞的墙壁上颇似梵高笔下的星空在黏稠地流动。观众在惊喜的过程中，既有似曾相识的亲近感，也会根据自己对于《星空》的理解，来体会影片导演的话外之音。当然，《大护法》只是选取了《星空》中的扭曲变化的造型和线条，在色彩方面则放弃了冷峻的色彩，而是一种红色。这个场景对于一直是土壤颜色的巷道而言，真是神来之笔。《大护法》在模仿的同时，还能够张扬出创作者的灵思。在一个场景中，没有脸的罗单追逐大护法，二人到了一个凌驾于深渊之上的、状如利剑的山石上，背对着罗单的枪口，大护法走投无路。其实，这个场景是很多国外动画片中常设的镜头，例如《狮子王》中，木法沙夫妇为儿子辛巴举行生日庆典时，就坐在一个突出的岩石上。类似的影片还有《钟楼怪人》《虫虫危机》《人猿泰山》《阿凡达》。因为，一个突出的山石，犹如T型台，就是对于角色的突出。而《大护法》在模仿这一场景设计技法的同时，却采取了一个变形，不是突出一个山石，而是从侧面看，在残阳如血的落日余晖中，

---

① ［美］阿莱克斯·葛瑞：《艺术的使命》，高金岭译，译林出版社2015年版，第134—135页。

三个凌空飞纵的山石,犹如三把利剑,刺向了黑色的、悬浮的花生。这种模仿与变异的灵动,显示了驾轻就熟的艺术构思。

构建动画空间的具体方式,不一而足。在此,我们主要探讨一下动画空间所具有的特性。

(一) 神圣性与神秘性

神圣性可以从两个方面来理解。首先,"神圣性是被赋予某个事物的超自然价值。从这种意义来说,神圣性指涉的是一组事,这些事物在任何时刻、任何场所都受到人们不容亵渎的尊敬。其次,神圣性是人们遭遇到的一种力量,这种力量给人的体验是他者的、现实的、神秘的。从参与者的体验看来,那是一种非凡的力量,就像神一样。因此,从比较宗教研究的视角来看,神圣性既是构建世界的一种方法,也是事物被感觉到的作用于其信仰者的方式;既是事物被赋予的一种价值(表现在对这些事物发出的行为中的价值),又是那些事物给人带来的令人敬畏的体验(被体验为走进或走出彼岸超验王国的关口)"①。可见,神圣性包含着两个指向,分别是一种崇敬之情和一种非凡力量。其实,具有恐惧、敬重成分的崇敬之情的产生,源于角色置身其中的无法驾驭、不可知的力量。

至于神秘性,美国学者威廉·詹姆斯在《宗教经验种种》一书中,将宗教的沉浸状态描述为神秘性,概括其特点为不可言说性、可知性、暂时性和被动性。"不可言说",即无法用语言贴切地表达出来;对于"可知性","神秘状态虽然很像感受,但是,在那些经验者看来,它们似乎也是认知状态。它们是洞见真理的状态,其真理的深刻程度,是推理(discursive)理智无法探测的。这些状态是洞明(illuminations),是启示(revelations),虽然完全超乎言

---

① [美]佩顿:《阐释神圣:多视角的宗教研究》,许泽民译,贵州人民出版社2006年版,第98—99页。

说，却充满着意蕴，并且，它们对于将来，通常具有一种奇怪的权威之感"①。可见，神秘性不是一个玄境的塑造，而是需要有真理性的昭示。

《狮子王》中的星空，是展示神圣空间的代表性场景。尽管星空中没有出现诸如祥瑞之天象，或者其他的具体形象，但是，由于台词的赋予，增加了其神圣性，以至于小狮子在颓败的时候，以心灵祈祷，呼唤神力襄助。但是，没有具体的神力形象前来拯救，只有辛巴自身的奋力与智慧的提升。相反，如果出现了具体的神灵前来救助，反而会使已经建立的神秘性消失殆尽。

另外，在佛教动画中，佛殿、佛教名山、佛经的意象空间，打坐的房间或者洞窟，都属于神圣性空间。如果说，神圣性源自崇拜、景仰，那么，神秘性则源自不可知，或者对于全景的无法预知。《盗梦空间》中的梦境一层层地褪去，《盗墓笔记》中的坟茔中，各种奇闻怪相，无不使人感受到一种不知道暗箭在何地的险恶。非理性是一切神秘主义的本质特征。而能够用理性来解释、用语言清晰表述的神秘主义，已经不再是神秘主义了。

动画空间中还有一些元素。例如，"十三"在西方是个不吉利的数字。因为西方很多神话和宗教故事都讲述了第十三个人或神出现后，会引发不吉利的事情，最著名的宗教故事就是犹大出卖了耶稣和他的十二个徒弟总共十三人。于是，日积月累，"十三"就成为西方民俗中特别忌讳的不祥征兆，从而演变成神秘数字。《鬼妈妈》中，别墅地下室的门上出现了数字"十三"，而老旧的别墅又处于荒郊野外、远离尘世的阴森怪诞的森林中。这样，现实空间就有了神秘性。这种神秘性，为后续的神秘通道的出现，做了水到渠成的铺垫。

同样，在佛教传说中，"七"也显得很重要、很普遍。释迦牟

---

① ［美］威廉·詹姆斯：《宗教经验种种》，尚新建译，华夏出版社2005年版，第227页。

尼面壁七天顿成正果。释迦牟尼以前有六个佛，他是第七个佛。在中国流传的"七七"祭奠丧葬习俗就与佛教的轮回学说有关。佛教俗语有"一子升家，七祖升天"，"救人一命，胜造七级浮屠"。在中国文化中，与"七"有关的用法也有很多。古人常把七年视为一个自然周期。如白居易《放言诗》中有这样的诗句："试玉要烧三日满，辨才须待七年期。"至于七夕、七律、七绝、七略、七子等说法，更是广为人知。① 佛教也对"十"非常崇拜，许多制度都与"十"有关，如"十戒""十恶""十斋日"等。

实际上，神秘性的构建，借用了原始思维的具体性，而不是文明人的抽象思维，即通过一个个不平常的元素，累积成一个神秘性的空间，文明人可能用"神秘性"这个词语，便捷地指代了那个环境，而原始思维则需要目之所及、感同身受的搭建、模拟。列维-布留尔（Lvy-Bruhl）的理论提到了"互渗律"，即支配原始人表象之间的关联和前关联的原则。互渗的形式多种多样，如接触、感应、转移、远距离作用，等等。因为原始人是认为"万物有灵"的，所以，各个神秘元素之间是可以控制、驾驭的。

（二）仪式性

动画片的空间，不仅是角色的生活空间，更是一个能够举行仪式的空间。当然，仪式需要从广义来界定，包括毕业典礼、成年礼、群体集会或者倡议、祭奠、祈祷、婚礼等。而且，仪式也包括与日常生活不同的节日。精心设计的一些节庆、礼物交换活动，探亲访友或瞻仰祖先遗址，观看宗教表演，举办公共展览，或者穿着特殊服装等都增强了个体的自我意识、民族意识和国家认同。

仪式有哪些作用呢？"仪式首先是价值的展示，仪式所展示的价值通过一个群体举行、见证和体验仪式这件事本身而得到强化。

---

① 参见何柏生《神秘数字的法文化蕴含》，《政法论坛》2005年第4期。

这种众人瞩目的集体检阅，把仪式及其内容的实在性和合法性铭刻在参与者的心目中。……在迪尔凯姆的追随者们看来，一种仪式的部分意义在于，它以具有集体性质的方式在私人体验的领域内创造出一种超个体的意识状态。集会的时刻是强化的时刻，与人们分开工作的平凡时刻形成对照。仪式举行的时刻使宗教信仰显得既似合理又似真实，这种情形是非集中、非仪式的时刻所无法做到的。"①在美国动画片《风中奇缘》中，有印第安人的出征仪式；《小飞侠》中有印第安人围着篝火的狂欢仪式；《阿凡达》中潘多拉星球上，有那威人的丛林祭拜仪式；《钟楼怪人》中有宏大的愚人节狂欢场景；《狮子王》中有小狮子满月时、百兽远道而来的欢庆仪式等。可见，仪式与平时的日常生活相对，是熔铸了兽群的集体意识的活动，树立了狮王的地位和权威。

当然，仪式是人、神，有形与无形的密集的生命体验与感悟的流通；仪式不是一个空洞的活动，而是一段一段的情境性的演绎。节日和仪式，成了日常生活的变奏，起到了调剂和更新的作用。"日历上一年之中各个有意义的日子给每一个社会群体提供了机会，以让社会分期地表现自己的不同方面——时而庄重、整洁、悔悟；时而狂饮欢庆、兴致勃发；时而快乐；时而严肃。以如此方式，社会即可建立起各种仪式和节日，给社会生活带来最充分的表达空间。"②

所以，动画空间的营造，不仅需要亭台楼阁、诗书礼仪等中国传统文化的样式，更需要一些民俗中的仪式，能在动画中上演，从而，以真实而通俗的民俗仪式，表现百姓朴素的生命观、宇宙观，活灵活现地再生一种神秘性。中国传统的民俗在各国动画制作中，得到了很好的体现。

---

① ［美］佩顿：《阐释神圣：多视角的宗教研究》，许泽民译，贵州人民出版社2006年版，第47页。
② ［美］佩顿：《阐释神圣：多视角的宗教研究》，许泽民译，贵州人民出版社2006年版，第49页。

第五章 动画角色的变体、再生与轮回

本书在梳理动画角色外在形象设计的同时，更加侧重这些角色内在的文化精神。因为这样的梳理更有益于深刻地把握美、日动画角色风格设计的内在肌理，并提高国产动画的创作水平。

从生命的维度看，"运动"和"复活"是同义语。以"万物有灵"的思维审视动画可知，动画世界中所有事物都被赋予了生命力量，甚至还有灵魂世界。① 美国动画中的"超级英雄"，以勇斗邪恶力量，拯救世界脱离危亡的危机的模式已经为世人所知。但除此之外，美国动画角色塑造的另外一个类型就是杂耍。超人上天入地、倏忽变幻的内核，是强烈的个人主义与救世的豪情；而且，除了除暴安良的能力外，超人也有其软弱的一面。日本动画中，虽然有诸多相对写实的作品，但变体的动画角色更能标举日本动画在世界动画中的特质，更适合机器人等智能时代的未来趋势。故本书以杂耍与变体为视角，来审视美、日动画角色的设计理念与风格。

一　杂耍的动画体现

杂耍曾经是迪士尼早期塑造动画角色的共通手法，特别是1930年前后的作品，如唐老鸭和米老鼠总是肆意地追逐、尖叫与厮打。

---

① 参见 Buchan Suzanne, *The Quay Brothers: Into a Metaphysical Playroom*, Minneapolis: University of Minnesota Press, 2011。

有时候，一些角色被压扁为一张纸，但角色没有丢失性命。当恢复原状时，他们依旧以喜剧风格的话语相互讥笑对方。同样，角色出于特殊目的，可以超常限度地拉伸肢体，或者把头像乌龟一样缩进脖腔。当然，动画角色的变形不仅限于常人角色肢体的变化，也包括迪士尼的经典动画片《骷髅之舞》（1929 年）中人体骷髅的歌舞动作，以及《树与花》（1932 年）中植物角色舞蹈时的变形。

因为手绘和平涂上色是早期动画的基本方式，所以角色的生活空间和表演空间都是有限的，以至于变形仅体现为肢体的动作。随着计算机图像的发展，杂耍经常在拟真场景中出现，但角色依然可以"死而复生"，以至于观众不会产生悲恸和哀伤，而仅仅是奇异世界的游戏与猎奇的欢娱。

其实，角色的随意变形，不仅是动画的特性与手段，更加体现了美国动画角色洒脱与诙谐的个性，体现了动画杂耍性的喜剧思维。杂耍的意义在于自我的奔放与个性张扬，而不是展现由于取悦他人而低眉顺眼的奴性。

（一）拟真场景的"萌"

杂耍已经由早期的肢体因为外力而引发的简单变形，转变为在拟真的生活场景中得以展示，营造出一种"萌"的心性。例如，在美国的唐·霍尔（Don Hall）、克里斯·威廉姆斯（Chris Williams）导演的《超能陆战队》（2014 年）中，主人公小宏设计的机器人拥有铁甲钢拳。可是机器人的原型落地后却成了一个弯不下腰的大腹便便的白色机器人。机器人的钢盔完全不是针对大白量体裁衣的制作，以至于大白无法穿上钢铁外壳。小宏觉得大白的材质非常柔软，费尽力气地终于把大白挤进了这套钢盔。好景不长，"白胖子"富有弹性的"赘肉"轻松地将钢盔弄散架了。类似米其林的大白，憨态可掬，胖到弯不下腰，永远捡不到脚下的球。甚至在发生漏气的危急时刻，竟然用胶带纸贴住皮肤上漏气的气孔。大白的"萌"，导致笑点不断。

大白在城市上空飞行时,地面上城市的景致极其炫目。据该片导演唐·霍尔介绍,在旧金山市政府的帮助下,该创作团队制作了旧金山城市建筑的全息三维立体景观,这样,从任意一点俯瞰与下行,相应建筑及其光影都会瞬时发生立体的变化并呈现,建立了写真的感受与情境。换言之,这种拟真的场景,为角色的超常能力的呈现塑造了环境。[①]

同名漫画中的大白,是类似于变形金刚一样的体型庞大的机器人,但创作团队为避免雷同,给大白添加了透明的塑料薄膜。大白的"萌"态,以及拟真的环境,加深了对角色的人性的刻画。

大白是美国高科技在动画领域的呈现,这和《阿凡达》根据天体物理进行角色和场景设计的思路,是一脉相承的。

(二)3D与杂耍设计

随着3D的出现和迅猛发展,角色的活力和表现力激增。但变形依然存在。例如,在柯克·德·米科(Kirk De Micco)、克里斯·桑德斯(Chris Sanders)导演的《疯狂原始人》(2013年)中,角色的身体比例是不平衡的,经常是极短的腿和极小的脚,这样可以通过跳跃和弹跳来奔跑、攀爬;相反,那些大腹便便的角色几乎都有圆形的脸庞和强壮的臂膀。可见,变形在角色设计环节就已经直接呈现了。而且,传统的变形技法依然被保留,例如有个镜头,一个巨石即将打击到父亲,这时,父亲在空中拥抱巨石并随着巨石的动势而旋转,在落地并翻滚后竟然毫发无损。另有一个争夺绿色大鸟蛋的镜头,很像激烈的橄榄球比赛,当女主角小伊跳起并敏捷地抓住了一个高高的突出的悬崖观看日出时,很像一个攀岩运动员。

当然,一些幽默来自一些巧合和事故。例如当小伊第一次遇到小伙子时,小伊很粗鲁地搬起石头砸向了小伙子的脚,小伙子太疼

[①] 该信息来源于唐·霍尔于2015年在中国传媒大学演讲时的讲述。

了不得不求饶,于是小伊就头朝下地拎起小伙子。总之,那些戏法经常在早期美国动画片中被运用,引起观众开怀大笑。

除了这些技法外,变形主要依靠机智作为行为的基点,而不仅仅是肢体的变形。当《疯狂原始人》中的小伙子盖逃离而且环境变得黑暗时,来找女儿小伊的父亲发现,女儿在一个狭长的平台上,这时,一只灰熊朝他们走了过来,当灰熊走过横卧在两山中间的枯树的时候,观众都极其紧张,因为无路可逃的父女俩面临着被灰熊推下悬崖的危险。很快,观众便发现,父女俩隐身在枯树下面,父亲一只手抓住枯树的树枝,一只手紧紧抱住女儿的腰部。无疑,讲究策略的父亲成功躲避了袭击。另一个不得不说的例子是,一群红鸟在空中盘旋,一会儿闪电般地俯冲,一个鲸鱼便剩下了白骨一堆。在这千钧一发之际,小伊跑上前抓住了大象的鼻子,将其一折两半,制作了一个号角向小伙子呼救。可以说,动画角色瞬间的动作来自智慧,而非肤浅的肢体动作。

电影中第三种变形的方式是从各种奇特动物的造型、生活环境、生活习性等衍生出来的,包括有象牙的猛虎、藏在土中的有脚的须鲸等。体型外观的奇特,决定了动作与心智的与众不同。

无厘头的杂耍,让角色在相对真实的情境中神奇地、快速地移动、变异,形成了快节奏的变化,不仅让观众感受到了魔术般的惊奇,也产生了情理之中、意料之外的惊喜。

(三) 淡化文化背景的嬉笑

作为世界移民国家的美国,其动画作品必然受到各种族群体文化的审视、质疑与批评。所以,淡化故事的文化背景是其动画创作的前提。

从历史来看,迪士尼早期的很多动画片,经常改编自著名的神话故事,如《白雪公主与七个小矮人》(1937年)、《罗宾汉》(1973年)等。故事的背景是模糊的,观众可以根据自身的视野,将故事置于任何真实的生活和民族的历史背景中。如果动画片中的主角具有鲜明的现实色彩，角色性格、命运，甚至矛盾冲突就都可能为真实元素所羁绊，真实元素处理不好，会招致批评。曾经在 2013 年风靡世界并囊括奥斯卡动画长片所有奖项的《冰雪奇缘》，依然遭受了女性主义者的质疑和批评。即使以天体物理为场景原型的《阿凡达》也受到了质疑，质疑者认为该影片被自然崇拜的唯心论拖下了泥沼。通过上述可知，杂耍不仅是一个制造幽默、荒诞、嬉戏的技巧和手段，也是美国动画避免文化批评的一种方式。一般采用娱乐化的故事，同时，在角色性格和故事背景方面尽量远离社会、历史、文化元素的限定，为变形与杂耍设置了巨大的毫无牵扯的魔术般的时空。这是美国动画中采用变形金刚、汽车、蚂蚁、鱼等作为动画主角的原因之一。

二 人工智能的变体

根据机器人的特性，本书对该类角色的特性予以分类和描述。

（一）人性化的机器人

1818 年，诗人雪莱（Shelley）的妻子玛丽·雪莱（Mary Shelley）创作了一本小说，题为《弗兰肯斯坦——现代普罗米修斯的故事》，讲述了一名年轻的科学家弗兰肯斯坦制造了一个类人生物。相貌虽丑、但本性善良的类人生物不能为社会所接纳，人们将其视作怪物。类人生物要求弗兰肯斯坦为它再做一个女性的类人生物，有其相伴，二人将远离人间。但是弗兰肯斯坦担心"怪物"的繁衍会威胁社会的安宁与和平。在各种的焦灼中，女性类人生物接近完工之际，还是被弗兰肯斯坦断然摧毁。闻知此事后，男性类人生物开始了报复之路。而弗兰肯斯坦也开始了毁掉自己作品的痛苦与危险之途。

艾莎克·阿西莫夫（Isaac Asimov）作为美国著名科幻小说家、科普作家、文学评论家，美国科幻小说黄金时代的代表人物之一，其一生的著作将近500部，题材涉及自然科学、社会科学和文学艺术等许多领域，与儒勒·凡尔纳（Jules Verne）、赫伯特·乔治·威尔斯（Herbert Wells）并称为科幻历史上的"三巨头"，同时还与罗伯特·海因莱因（Robert A. Heinlein）、亚瑟·克拉克（Arthur C. Clarke）并列为科幻小说的"三巨头"。其作品"基地系列"《银河帝国三部曲》和"机器人系列"被誉为科幻圣经。在这些故事里，机器越来越像人类，外观、外形，乃至智能和所谓的灵魂，都和人类没有区别。人类对机器产生了恐惧。阿西莫夫将这种人类惧怕机器的心理状态，命名为"弗兰肯斯坦情结"（Frankenstein Complex）。当然，随着时代的变迁，"弗兰肯斯坦情结"的内涵和外延也在不断更新，但是，其主题一般都是：创造"怪物"的人最终受到"怪物"的伤害，而人类创造出的"怪物"最终将会背叛人类。

在电影史上，最早的人工智能想象始于一个机械装置，这就是弗里茨朗（Fritz Lang）的"人造玛丽亚"。这个机器人有着金属般的闪光外表，面庞犹如埃及塑像。这个机器人在博士发明家路特旺的指令下，可以站立起来并缓慢行走。大都会的统治者为了消减工人对"女神"玛丽亚的信仰，要求路特旺把机器人做成玛丽亚的模样。机器人肉身化的过程，伴随着气势恢宏并带有神秘色彩的音乐。

日本的电视动画片《铁臂阿童木》中的阿童木，是一个能与人类共同生活的机器人，他有一双大眼睛，个子不高，心性善良。他穿着靴子的双脚，如果遇到了困境，可以转换为具有十万马力的火箭发生器，他的手臂能够喷发出击倒对手的能量光束，他的眼睛能像探照灯一样闪光。从某种程度而言，阿童木是机器人与武器完美融合的化身。在动画片中，是否让他问世，曾争议不断，特别是总理大臣的抵制。虽然面临强大的抵制和压力，有丧子之痛的天麻博士还是执拗地促成了阿童木的问世，并将他从实验室带回家。不久，另一个貌似阿童木、名为亚特米的机器人，也在遥远的地方问世。

其名字的隐藏含义为征服地球、统治人类。外形方面，与阿童木唯一不同的是，后者拥有欧米伽名表。尽管亚特米与阿童木是酷似的孪生兄弟，但因二人各自生长于不同的环境，导致本性、脾气、人生观都迥然不同。他们都心存梦想，希望可以成为人类的一员。

阿童木问世后，机器人主题的动画片的数量迅速增加。在横山光辉的《铁人28号》中，主角是一个能被正义人士控制的硕大的机器，没有任何的感知。这种设计在接下来的系列片中，包括"机动战士高达"的系列作品，在世界范围内，都具有很高的收视率。莎拉琳·欧宝（Sharalyn Orbaugh）在她的题为《弗兰肯斯坦和半机器人大都会：身体的进化和科幻叙事中的城市》（2006年）一文中指出，人类与机器杂交后，叙事空间发生了巨大的变化，这些动画片正在探索人类应该怎样发展科技，又在思考如何处理科技与人类的关系。①

（二）自动化机器人

这类机器人需要动画角色的驾驶，没有动画角色的驾驶，则只是一部机器，但是，如果人类进入这类机器人的体内，那么，这类自动化程度很高的机器人的战斗力将会超乎想象。例如，1979年开始出现的"机动战士高达"系列和1995年庵野秀明开始制作的《EVA新世纪福音战士》，就是该类型的代表作。近年，此类动画片还有日本日升公司于2006年制作的《叛逆的鲁路修》和2001年制作的《老虎和兔子》。关于译名，一般按照英文机器人的谐音叫作"萝卜片"，或者也可以叫作"机甲片"。

（三）仿生机器人

押井守导演的影院动画片《攻壳机动队》和《攻壳机动队：

---

① 参见 Sharalyn Orbaugh, "Frankenstein and the Cyborg Metropolis: The Evolution of Body and City in Science Fiction Narratives", In Steven T. Brown Edited: *Cinema Anime: Critical Engagements with Japanese Animation*, New York : Palgrave Macmillan, 2006。

无罪》，其故事背景，都是21世纪中期的日本的一个城市。两部影片，尤其是前者，成功地描绘了机器人安卓。安卓是一种自动机器人或者合成有机体，其面貌和行动皆酷似人类，特别是它们都具有像肉体一样的外观。① 人形机器人多出现在科幻动画领域。

1960年，心理学家曼弗雷德·克莱恩斯（Manfred Clynes）和科学家内森·克莱恩（Nathan Kline）在一篇提交给空军航空医学院的论文中共同提出了"电子人"（或译为"半机械人"）的概念，词干是"控制论"与"生物体"的复合，定义为"一种生物从容不迫地包含外部组件，以延伸有机体自我调控的功能以便适应新的环境"②。故事讲述了赛博对可能性未来的反复叙述。托尔不满足于在人类的操控下完成简单工作，而是希望像人类一样自由地思考和行动。而且，信息技术已经允许它们通过广泛的网络与生物大脑进行交互，瞬时交换信息。自动控制的水平可以使芯片之间的交互简单到最小化，甚至在大脑受到挫伤的情况下，赛博控制的部分几乎可以取代人的大脑。各种水平的假肢或义体，可以有机地相互链接，一个全部假肢的躯体可以让一个人成为一个半机械人。

在神山健治导演的《攻壳机动队》中有个场景，受伤的草薙素子，开始接受实验室中的治疗。这时，用蓝色衣服袖子遮住脸面的男人"笑"着潜入病房，并与草薙素子保持一定的距离。二人旁若无人地、隐秘地相互交流，甚至站在一旁的医生都浑然不知。交流的方式，主要是依靠信息微波，而不是通过嗓音的声波。当对话进入尾声的时候，笑脸男人把他的记忆通过数据线和脑后的接口传输入草薙素子的大脑中。草薙素子曾经在幼年遭受了巨大的损伤，最后，她不得不用一个装有赛博大脑的假肢。草薙素子已不是完整意

---

① 参见 Jeff Prucher, *Brave new words*: *The Oxford Dictionary of Science Fiction*, London: Oxford University Press, 2011。

② 参见 Sharalyn Orbaugh, "Frankenstein and the Cyborg Metropolis: The Evolution of Body and City in Science Fiction Narratives", In Steven T. Brown Edited: *Cinema Anime*: *Critical Engagements with Japanese Animation*, New York: Palgrave Macmillan, 2006, p. 11。

义的人类。

上述的镜头中,通过对话,草薙素子在知悉笑面男人的来意,决心与危险而且力量更加强大的罪犯进行较量,甚至不惜以死相搏的时候,冷峻的草薙素子默默地念叨:"不成熟的人类,总把高贵的牺牲作为梦想。相反,成熟的人类应该为梦想而活。"这些话表明,赛博面对重要的抉择时,像人类一样具有清晰的逻辑推理的能力。

除了情感、思维与人类相近的仿生机器人外,还有另类的机能单一的女性仿生机器人,被称为"机娘",英文为"gynoid"。格温妮丝·琼斯(Gwyneth Jones)发表的小说《神的忍耐力》(1985年)中,描述了一个奴隶身份的机器人,生活在未来的中国。[①] 这类机器人是被批量复制的,是将特定人类女孩的心理通过机器大量复制到机器人群体中,其智力和心理都是单一和简单的。

《攻壳机动队:无罪》被解构为侦探小说。动画片的开片就发现一个案件,正在犯罪现场的警探巴托,被誉为罪犯的克星,是正在黑暗狭长小巷口集结的警察团队的负责人,两个警官分别告诉巴托受害人的身份,而谋杀者是他们的"机娘",而且,这个"机娘"曾经杀死了她的男主人。巴托独自走进小巷,接近了男性死者和尸体,看着邪恶的仿生人。出乎巴托意料的是,罪犯看上去很柔弱娇美,象牙白的皮肤、乌黑的头发、深蓝色的眼眸、英红的唇,当看到巴托走近时,她已经没有力气格斗了,于是蠕动嘴唇,以婴儿般的声音说:"救救我,救救我。"同时,猛地撕开自己的胸腔。出于自卫,巴托远离了她。随后展开的情节,则是剥离掉扑朔迷离、盘根错节的信息,指向了神秘的罪犯。《攻壳机动队:独立建筑群中》仍以"机娘"绑架了大臣家庭成员为开片。

根据上述动画电影,我们可以归纳出,"机娘"应该被划分为

---

① 参见 Tatsumi, Takayuki, *Full Metal Apache: Transactions between Cyberpunk Japan and Avant-Pop America*, Durham NC: Duke University Press, 2006。

机智的机器人,但没有简单的心智和情感,仅仅是服务人类的特殊工具。这个观点可以在《攻壳机动队:无罪》的情节中得到证明。巴托走进实验室或工作车间,发现了很多八岁左右的女孩,被捆住塞进一个金属装置中,而这个金属装置把她们与其他复杂装置连接在一起,共同构制完整的"机娘"的心智系统。公司在非法"神灵复制"的程序中,把真实的小女孩的"神灵"输入仿生人的躯体中并使之获得生命力。当巴托发现小女孩的时候,她也是反复低声地说:"救救我,救救我。"就像开片段落,与生命将尽的罪犯"机娘"所说的一样。因此,我们可以推论,"机娘"的智力相当于年幼女孩,是彻底在人类的操控下制作的仿生机器人,但影片中的"机娘",并没有获得人类的尊重。其实,这种机器人也是基于现代科技的前沿性的畅想,如今,高智能机器人正从科幻走进现实,而且将深度介入我们的生活。

尽管上述分类是按照时间顺序进行的,但这三种类型在当今动画中依然存在,例如美国动画片《钢铁侠》就是自动化的机器人,《超能陆战队》中的大白,也是自动化的机器人。

三 动画角色的生命与佛教生死观的相通性

杂耍是早期美国动画角色通过嬉笑、孟浪、顽皮等手段来张扬个性、设置娱乐,也是美国动画角色神灵活现的生命体征。杂耍是美国动画张扬动画属性的方式之一。而日本动画中不同功能的机器人,则是日本神明文化的体现。总之,这些主角从来没有真正死亡,没有死亡,动画角色就可以生命长久,并不断积蓄为了梦想和职责进行奋争的生命能量。因为机器人可以通过更换遭到破毁的机体部件或通过体内残存的大脑芯片的复制来延续生命。由此观之,美国动画的杂耍,不仅是一种游戏和娱乐,更是一种乐观、坦荡与对于生命活力的张扬。超人只是张扬生命活力的类型之一。

然而,真正的变成杂耍,还需要动画角色的宽广的心胸,以及生命的样态。在江户时代，日本社会是允许人们为自己的父亲和丈夫报仇的。但明治六年（1873），日本政府明令禁止"报私仇"的行为。日本作家菊池宽在其代表作《恩仇的对方》中就呼吁放下仇恨，对"报私仇"进行了批判。《恩仇的对方》主要取材于日本大分县的"青洞门"事件。故事是这样的：主人公中川实之助3岁时，父亲为一个叫市九郎的仇家所杀。他立誓要为父亲报仇，19岁时只身离开江户，踏上了复仇之旅。他四处寻找仇家，找了整整9年，终于在大分县的青洞门发现了市九郎。此时距父亲被害已过了24年。当年的杀人者市九郎对自己的行为深感悔恨，早已出家为僧，法号了海。同时，中川实之助还发现，由于当地地势险恶，人们外出只能攀爬绝壁，所以经常出现摔死人的惨剧，而了海正在竭尽全力地为人们开凿一条安全的隧道。见此情形，中川实之助不忍下手，于是在内心说服自己等到隧道开通那天再为父报仇。而为了那一天的早日到来，他也加入了开凿隧道的行列。就这样，经过了一年半携手同心的努力，当最后一锤砸下去终于打通了隧道的时候，仇恨也在这一刻冰消雪融了。[①]

如果说仇、恨、怨、怒，是影视作品矛盾进化的得力元素，那么，作为整体的生命观，宽恕，则成了影视作品的主流。电影《鸟鸣》、动画片《超能陆战队》中，都是正面角色洗却了仇恨之后，对于品质上还没有彻底败坏的角色进行了救赎。

如果说宽恕与救赎，一般是影视作品的情节设计理念，那么作为动画电影的角色命运，救赎则采用了另外的变形，即变身。例如《西游记》中的妖魔鬼怪，被孙悟空识别后，经过血雨腥风的打斗，如果无法斗胜，还要请菩萨、如来等佛祖来帮助，以打败妖精。但是，打败的方式，是让妖精显现原形，然后，被佛祖等收走，让其再度进行修行。可见，妖精是一个身形，本身之后，还有其他的生命样式。总之，让其现在的身形灭亡，但不是斩草除根，

---

① 参见翁敏华《中日韩戏剧文化因缘研究》，学林出版社2004年版。

而是，留下其生命的原形，继续生存。

中国的动画片《哪吒闹海》根据《封神演义》改编，将时空界定为商末时期，陈塘关总兵李靖的夫人怀胎3年6个月，却生下一个肉球，肉球中跳出一个伶俐可爱的男孩。李靖以为是妖孽而欲杀之，幸亏太乙真人及时前来收之为徒，赐名哪吒，并赠送了乾坤圈和混天绫两件宝贝。某年，天下大旱，甘露未降。哪吒和家人将到东海洗澡玩耍，看到了有百姓一边痛哭一边送童男童女给龙宫献祭的惨景，于是用混天绫搅动海水，撼动龙宫，惹出巡海夜叉李艮和龙王三太子敖丙。几番言语不和，哪吒就杀此二人。四海龙王齐聚陈塘关索哪吒性命。李靖看到四海龙王为了报复哪吒杀死了龙子，以水火导致百姓生灵涂炭，为了救黎民百姓于水火，又不忍心下手斩杀爱子，于是，哪吒自刎身亡。而且，在父子俩辩论及哪吒怒斥四海龙王的时候，哪吒已将生死置之度外，决然地自刎而尽，这犹如佛教所讲的涅槃，为了众生的幸福而亡。但是，太乙真人留下了哪吒的精气，用莲花、藕做肢体，复活了哪吒的生命。虽然转换了一个生命样式，但复活的主要是抗争的精神，以及精神所寄宿的类似的肉体。这是一个典型的轮回。而其理念，与日本的机器人理念，又是异曲同工的。

第六章 神秘的动画空间

　　宫崎骏的作品常有日本民俗故事中的精灵神怪，借以表现儿童视野中奇异与玄妙的世界。比如在《龙猫》中有一个镜头，微雨初歇的夜晚，小姐妹俩在乡村的车站，等待着父亲的归来，路灯的昏黄灯光透过参差的枝叶，树枝的上半部明暗斑驳，树干则是漆黑一片。然而，镜头右下角的暗影处，有个小小的神像，日本的观众能理解，其寓意是灵异空间的神仙在暗中保护着野外这对孤单的姐妹。但是，这个神像，很像一个玩具。这样，不同的文化圈的观众，对同一画面就产生了不同意义层次的解读。而且，这个小神像处于阴暗处，是一闪而过的，如果观众仅仅关注了光影的上半部构图，也能够理解动画角色的心理，而神灵的眷顾与怜惜，则会在以后的情节中予以展开。

　　这个镜头原本来自宫崎骏的一幅画，《龙猫》的企划案最初就出于此。德间书店与吉卜力工作室的联系人铃木敏夫当初就是因为看到了这幅画，而提出制作意向的。而此前，该片的制作意向遭到了高畑勋和德间书店负责电影的经理山下辰巳的共同反对，后者还是希望做类似《风之谷》《天空之城》之类的，主角是外国人的作品。而宫崎骏因为十年前曾向日本电视台的特别节目提交的《龙猫》的企划案被否决，以至于内心纠结。但铃木敏夫"只凭一幅画的感觉就想做成动画片"的情感极其强烈。于是，铃木敏夫力排众议、巧妙疏通，竭力督促宫崎骏完成了剧本与动画创作，并让《龙猫》与《萤火虫之墓》进入了一同制作的工期。①《龙猫》讲述了凡人与善良神灵的交流，而《萤火虫之墓》则讲述了凡人阴阳两隔的故事，而且在开片就以灵魂离开肉体之前的回望与叙述，奠定了该片的凄凉。其实，这个镜头或者原画，提出了动画空间的本性是自然环境与文化的融合，这是刻画动画空间的前提，再者，神秘性，是动画空间成功刻画的典型属性。

神秘性，不仅表现为威灵的凶恶，或者食人魔的血腥，这些都是外在的。关键是营造出让观众捉摸不透的、具有遥想空际的空间。银河系，其场景的奇观、猝不及防的危机、武器的科幻与炫酷，本身就是一个神秘空间。与凡人对抗的神灵的变身，也是一个神秘空间。可见，动画空间的神秘性，首先是神灵与人类两个空间，至于这两个空间的情节比例，则取决于故事本身，但是，无论怎样，观众需要一种"冥冥之中"的力量，来左右动画角色的命运，至于现世或者凡间的力量，则都是左冲右突的飞来横祸，或者是各种挫折、挤压的机缘巧合。同时，"冥冥之中"的力量，不是以全貌示人的，其神秘性，就在于"犹抱琵琶半遮面"的恍惚，以及其威力与伟力。而这种伟力，又是宗教、神话、民俗等文化精神的载体。动画空间中的场景、道具（如家具、木雕、漆画等）、服饰等可视元素，只是解决了"是什么"和"在哪里"的问题，而可视元素可以引发人们对角色的生命感悟、思考及对宗教思想、终极关怀之类的哲思，才是动画空间元素是否具有"活性"及"活力"的评判标准。可以说，空间中的可视元素，既可以是固定的视觉元素，也可以是载人探索浩瀚星空的宇宙飞船。

在梦工厂的"功夫熊猫"系列中，中国元素琳琅满目，建筑场景包括素朴的中式民居，以及飞檐的宫殿；饮食方面包括包子、面条、豆腐等，以及筷子；中国功夫包括形意拳中的虎拳、猴拳、蛇拳、螳螂拳、鹤拳，还有乌龟、浣熊师父的太极功夫、点穴和解穴

---

① 参见［日］铃木敏夫《吉卜力的风》，黄文娟译，上海译文出版社2016年版。

的内功；至于武器则包括飞镖、棍、刀等，尤其是兼作乐器和武器的笛子；此外还包括中国的医药和家具等元素，围绕着动画角色的身份、心理、行为、思想，形成了上下左右、远近不同的错落的空间。

该片蕴含着佛教思想，甚至在乌龟大师坐化时，都借用了佛教义理。该片的成功及佛教题材动画的不断涌现，都给了我们一个启示，即动画空间的刻画需要文化符号的设定，历史文化的真实性，是动画空间的根基，同时，这些符号在点缀场景的同时，本身也有一种悠远的韵味。据此，我们可以推演出，动画空间的神秘性，源于角色带给观众的观感和思考，而不只是令人毛骨悚然的情节。一时一刻的惊悚，只是动画空间神秘性的浅表性方式。

一 空间符号需要文化的复活

动画导演或者编剧的文化积累与转化，不是一日之功。在此，我们仅仅提出一个探索性的视角和路径。

很多国产动画片确实罗列了诸多中国元素，问题在于这只是脱离了鲜活文化生态的简单移植、拼贴。这与博物馆的展览类似。博物馆中的艺术品，犹如鲜花"脱水"后变成的干花，"那些在表面上并没有被改换面貌的艺术品，但是它们被置换了环境、组合方式和观看方式，使它们成为再造的历史实体。一面原来悬挂在墓室天顶代表光明的铜镜被移到了美术馆的陈列柜里，和几十面其他同类器物一起显示铜镜的发展史。一幅'手卷'变成了一幅'长卷'，因为观众再不能真正用手触摸它，一段一段地欣赏移动的场景。任何从墓中移出，转入美术馆的器物、壁画、石刻都不可避免地被给予了新的属性和意义，同样的转化也见于为殿宇和寺庙创造的雕塑和绘画"[①]。尽管如此，如果说，艺术品在现实生活中的场景是一

---

① ［美］巫鸿：《美术史十议》，生活·读书·新知三联书店2008年版，第52页。

个解读的空间，脱离了这个空间之后，艺术品本身还是一个立体的"宇宙"，观者可以依靠自身的知识，形成对静态的艺术品的认知和理解。而动画空间，是视听艺术的空间，是一瞬而过的样态，所以，需要场景、道具、角色、台词、音乐等多种元素对立体空间的营造。相形之下，国内动画业界的部分创作者不愿意阅读有关历史文化的著述，没有深入乡村、汲取民俗生活来理解其所获悉的民间艺术，也没有深入研读美术、曲艺、雕刻、漆画、编织、话剧等艺术样式的历史及其在当下的流布状态，甚至没有观摩博物馆藏的文物并挖掘其内在的神韵。

  相反，《攻壳机动队》中直接引用了月庵的经文"生死去来，棚头傀儡（祭礼车上的木偶人），一线断时，落落磊磊"。而这段引语被日本"能乐"大师世阿弥用来表述"能乐"的表演特质，即"能乐"表演中的各种演技，不是"依葫芦画瓢"的模仿，而是为这些演技注入生命的、不能让观众看到的"心"，万一让人看到，其失误就如同操纵木偶的线暴露给观众一样，导致了表演的失败。[①] 依此可知，参照了舞台表演的日本动画角色的设计，暗含了日本文化的肌理，动画片的观众，听着苍凉、诡异的音乐，对于情节的理解与角色命运的关注，一定是跳离了现实羁绊的、宛若星空般深邃的遥想。

  日本动画电影在引用茶道、俳句等日本传统文化符号的同时，还将日本"物哀"思想、武士道精神等有机地融汇在元素或者符号中，形成了日本动画电影的特质。例如，《聪明的一休》，取材于日本室町时代特立独行的禅宗僧人一休的童年生活。室町幕府时期，曾经是皇子的一休，因为宫廷争斗而不得不与母亲分开，躲到安国寺当小和尚。其住房走廊的梁上，系着一个白布偶。在日本，该布偶，名为"晴天娃娃"，多以方形手帕包裹乒乓球或棉团，再

[①] 参见［日］源了圆《日本文化与日本人性格的形成》，郭连友、漆红译，北京出版社1992年版。

在圆团上绘画双眼和嘴巴。"晴天娃娃"源于中国，在中国，它叫"扫晴娘"，民间祈祷雨止天晴时挂在屋檐下。每当一休遇到了难题，总是仰对着"晴天娃娃"，打坐，双手指在光头上划圈，直到想到了对策。有时候，他就呆呆地望着布偶，孤零零地想念妈妈。"晴天娃娃"本来刻板而简单的表情，有时候，也会发出不易觉察的、隐隐的慈祥和微笑等表情。幼小的一休被迫出家前，母亲送给他这个布偶，希望一休的周围没有狂风暴雨，而是灿烂的晴朗阳光，进而，希望这个布偶能代替一休承受灾难和疾病，陪伴一休平安长大。而"晴天娃娃"，只点两个黑点表示眼睛，再点一点或者弧线表示嘴巴，两只似是而非的手臂，儿童可自由地运用他们的想象，涂抹这个玩偶的神韵，自由地生发出符合小观众内心的形象。

　　可见，一个"晴天娃娃"，本是一个民俗的小物，但是，却凝聚着母亲的眷恋和牵挂，蕴含着一休想念妈妈的情感，激发着一休自我激励、不断攻克难关。玩偶、民俗的形象、宫廷母亲的寄托、一休的亲近与激励、无形中的神灵，这是一个布偶不断拓展开来的想象空间，不同年龄的观众，都能够在布偶中，倾注自己的情感。同时，这也是一个具有神秘性的布偶。因为，这个布偶容纳了多种意义。

　　所以，民族文化不是标签和符号，而是一种具有神韵和哲理思维的空间。不仅如此，日本动画电影还加入了当下的日本民俗。例如日本动画电影中的主人公都有一个报恩的角色。由此，日本动画电影来自创作者自己的文化体验、民俗思考，并折取了各种鲜活的艺术形式的生活场景来表达自己的思考，而不是简单地、无生命地拼贴。

　　如果不能深入日本历史文化的视野去解析其作品，并剖析其造型手法的来龙去脉，挖掘具体手法表达其文化内涵的内在肌理，进而运用于国产动画的创作中，那么，国产动画就只是一个空壳的模仿。如何才能做到传统文化符号的复活呢？

　　首先，还原历史图景的细节与真实。当前，一些动画创作者未认识到中国历史文化对于塑造动画造型的价值，也没有深入学习的兴趣与能力。其实，历史描述的社会生活，远远超越了我们的想象空间。宫崎骏在评述剧本《合战》时，认为"无论是描绘长筱之战，或是真田与伊达在大阪之阵的对战——子弹射向没有配枪的真田军，将士们的铠甲发出声响，士兵用同胞的尸体来当作盾牌——这是多么逼真的情景。虽然它不像冲锋的重骑队那样发出隆隆的马蹄声，但战况的激烈却更在眼前"。"更何况，当时的日本马体型更小，一个全副武装的武者要是骑上去，根本就不可能撒蹄狂奔。"① 当然，剧本不可能完全真实，但是，具有史实真实场景的震撼力是当今人所无法简单依靠凭空臆想就能补救的。正是根据史料的记载才形成了宫崎骏对战斗场景的相对令人震撼的勾画与设计。

所以，国产动画创作者有必要补充中国文化史、民俗历史、文学史等史料，形成兼容文化、史学、艺术的知识框架。

其次，使文化符号具有历史的活力。《大圣归来》《大鱼海棠》《小门神》等影片的题材、人设、场景设计都是中国传统的样式，但是，依然市场疲软的原因，除了故事本身外，还在于缺乏文化精神纵深、立体统摄的传统文化符号。

（1）国产动画中的文化符号，与民俗、生活相脱节，仅仅是干瘪的符号，不具有"随意赋形"的鲜活的表现活力，影响了文化符号的意指活性。

（2）目前，有影响力的国产动画中的文化符号，未能介入故事的讲述情境，没有担负起叙事功能，影响了故事的流畅与多维。

（3）文化符号只有具有活力后，才能像榕树的枝蔓一样，具有生殖的活力，需要展示动画电影中文化符号之间的互生与立体性，增强观众的理解与电影故事的深度与神秘性。

---

① ［日］宫崎骏：《出发点（1979—1996）》，章泽仪、黄颖凡译，台北：台湾东贩股份有限公司2010年版，第144页。

这就提出了文化符号在动画中再生的问题。在动画或者电影中，不是简单地出现一个剪纸符号、一个装饰，或者一个表意的符号。如果充分理解了文化符号的文化内涵及生存环境之后，会有更广泛、绵密的剧作编织。

最后，对于艺术样式的理解，也需要深化、立体。例如，日本的茶道，很多人简单理解为仅仅是茶具文化和喝茶的礼仪。殊不知，禅与茶道的相通之处在于，"两者都是努力使事物单纯化。在去除不必要的繁杂这一点上，禅是通过直觉地把握终极存在而实现的；而茶道则是通过在茶室内品茶为代表的生活方式而实现的。茶道是对原始单纯的洗练和美化。为了实现亲近自然的理想，寄身于茅屋，坐于只有四个半榻榻米席大小的、但结构和日用器具却很讲究的狭小室内。禅的目的在于剥离一切人类为了粉饰自己而人为添加的覆盖物"[①]。当理解至此时，对于茶道的情境、器具的手工、空间布局、燃香的淡然等现实元素，就会形成立体和鲜活的理解。

如果动画创作者对于一个即将创作的文化符号的认知，仅仅是一些片断的"知"和朦胧的、道听途说的"识"，就贸然拿来这些文化符号，作为角色造型或者场景设计的元素，那么，这个文化符号顶多只有表层的意思。在视觉文化快速发展的全球化语境中，对传统文化进行简单拼贴而形成的动画造型，以及依此编织而成的故事，动辄以民族文化自诩，必然其实难副。

二 动画空间中文化符号的再生

文化符号的复活，目的在于展现文化符号存在于其中的历史、民俗、社会环境及其发展轨迹。作为动画场景中的一些基本元素文化符号，能够使其"复活"，只是满足了观众的认知和遥想。如果

---

① ［日］铃木大拙：《禅与日本文化》，钱爱琴、张志芳译，译林出版社2014年版，第156页。

是定位于国际市场，则需要文化符号的嫁接与再生。所以，动画电影的元素和气质不可能是单一的民族文化的展现，而是以本民族文化为精神底蕴，同时融合了各民族的文化元素。

李安导演的《少年派的奇幻漂流》就采用了东西方文化不断杂糅的叙事方式。影片的故事骨干很像是《鲁滨孙漂流记》的变体。影片开头，伴随着印度风情的歌曲，镜头不断移动，印度壁画、印度特色建筑和动物形象相继呈现，世界各国观众在被异国文化吸引的同时，也进入了故事的情境。少年派在海上漂流伊始，掠船而过的飞鱼，既展示了台湾的"飞鱼季"的情境，也符合西方文学中描述的飞鱼场景。而且，影片中大量采用了基督教圣经中的元素，例如《圣经》故事中诺亚重返陆地的日子是2月27号，而少年派在海上漂流227天，二者不谋而合。在画面方面，极具戏剧感的设计要属动物园里的老虎的展览台，"展台侧面与刻有印度图样的石柱相接；一位18世纪英国人创作的印度风景画被转换为展台背景幕布，其上有着电影中符号性质的大榕树做前景——这俨然就是一个真实的戏剧舞台"①。所以，该片得到了世界各国观众的深度理解与情感认同。

日本动画电影《幽灵公主》中的黑帽子夫人的形象是集"宫泽贤治的'土神'、民俗中的'金屋子神'和日耳曼的'女神布里可特'这三神为一体的角色，可谓神灵附体的存在。所以她要追杀兽神并不是没有道理的。这是宫崎骏在塑造黑帽子夫人这一角色时，就赋予她的宿命"②。如果说，上述动画角色的外形与性格的设计，采用了剪取与拼贴的方式，表现的是表层的意象，那么更深层的生命力，则来自宫崎骏在角色命运设计方面采用了阴阳五行的哲学思想。白天是鹿的样子、晚上变成两只脚走路的兽神，"背部受了一枪，濒临死亡的阿斯达卡得到兽神相救，起死复生。相反

---

① ［美］让－克里斯托弗·卡斯泰利：《少年派的奇幻漂流》，雷丹雯、范亚辉译，北京联合出版公司2014年版，第64页。
② ［日］青井汜：《宫崎骏的暗号》，宋跃莉译，云南美术出版社2006年版，第80页。

地，即将成为恶神的野猪，兽神却吸走了它的生命。从这里我们可以推断这两个生命都是属于木气的。实际上，宫崎骏认为其所写的野猪和野狗等所有的森林动物，都是属于木气的"①。金、木、水、火、土是中国阴阳五行思想中最基本的构成生命的元素，生生相克。在现代科技繁荣的时代，这种传统思想，尽管具有一定的局限，但是，其在剧作中的统摄力，还是令观众感受到了古老思想的神秘性。在《风之谷》中，角色的主体色彩、情节编织也演绎了阴阳五行思想。同时，阴阳五行思想具有原始思维的色彩，对于西方观众而言，也具有一定的玄妙的色彩。

如果说，日本动画电影是日本文化的传达，那么，美国的动画电影则依托自身的哲理兼容东西方文化元素。美国动画片《花木兰》、"功夫熊猫"系列，以中国文化元素作为表层意象、以美国文化作为故事内核，已是众所周知。

在东方文化的运用上，美国动画电影也注意到了形神的转化。例如"功夫熊猫"系列的背景、道具运用了很多的中国元素，如形意拳（虎、鹤、蛇、螳螂、猴）、太极、书法、针灸、穴位、汉服、筷子、手推木头独轮车、牌坊、庙宇、鞭炮、面条、豆腐、汉字等。在自然山水方面，更是仿制了丽江的小桥、黄山的云海、桂林的山峦等文化地理元素。

其实，这些还只是表面、零散的显性元素，或者说是文化符号，更为根本的是文化符号中蕴含的中国文化的哲理，如知天命、铁肩担道义、父慈子孝等。其中有一个情节，在比武大会上，依靠鞭炮腾空后，熊猫阿宝摔落在了比武擂台中央，而此时，精神抖擞的"五侠"正在展示身手，面对威风凛凛、身手矫健的"五侠"，熊猫阿宝还有些怯弱。但是，乌龟却当众宣布熊猫是神龙大侠。娇虎说："我们辜负了师父。"没有想到浣熊师父阴沉着脸，刚劲有

---

① ［日］青井汎：《宫崎骏的暗号》，宋跃莉译，云南美术出版社2006年版，第56页。

力地说:"如果他明天还不走,就是我辜负了你们。"这句台词有从正反两个方面推进情节的功能,其中既蕴含了中国传统的"师徒如父子"的深厚感情,也体现了浣熊师父维护山庄百姓利益的大义情怀。

美国动画对于欧洲文化元素也有巧妙的编织。例如《冰河世纪》《怪物史莱克》中出现了驴子形象。实际上,这个形象具有西方民俗和宗教的意味。"某些从东方或地方异教继承下来的礼拜仪式经常与官方宗教仪式一起流传不息。例如,'驴的盛宴节'就可能在教堂管辖区的附近举行。这个活动仪式本该是庆祝圣母玛利亚和婴儿耶稣一起来到埃及这件事,然而这个故事的主角却是一头驴,周围滑稽地表演的人们用驴叫一样的声音伴唱着,阿门也被协调一致的驴叫似的声音代替了。驴是《拉伯雷和他的世界》所美其名曰的'低层次的肉体物质'的最古老而恒久的象征之一。这在古希腊罗马关于驴的滑稽戏剧中可以看到,尤其是阿普列乌斯(Apuleius)的拉丁文小说《金驴记》中表现得更为明显,随后在中世纪的狂欢活动和喧闹的仿小夜曲中仍可见其踪迹。"① 可见,驴子作为丑角,具有悠远的历史。

美国、日本的动画电影的角色造型,达到了挖掘各国民族文化的深层。例如,《怪物史莱克》中史莱克的造型与"功夫熊猫"系列中熊猫的造型,具有相似性。而怪物史莱克的造型一般被认为是美国动画设计师的独创,其实,这个造型与中国墓葬所生产的"明器"——唐墓地三彩神王的造型很相似。② 笔者不能说史莱克的原型就是中国"明器"中的唐墓地三彩神王,也许这是两个时空的艺术创造过程中的意外吻合,具有耦合性。中国观众也许不知道其形象与中国古代墓葬"明器"形象相似,因而没有禁忌,反而倍受欢迎。但是,这个形象确实暗合了中西文化中对于激扬生命力的浑圆

---

① [澳]约翰·多克:《后现代主义与大众化》,吴松江、张天飞译,辽宁教育出版社2001年版,第241页。

② 参见[美]巫鸿:《美术史十议》,生活·读书·新知三联书店2008年版。

体型的审美要求。

  鉴于此，国产动画在传递中国文化符号的时候，不应只是知悉这些元素的基本形象和含义，还要深入探知这些文化符号在历史文化生活中的生存状态、存在方式、民俗心理等。在此基础上，还要延展思路，这些元素在其他国家是否存在？是否具有相近的文化符号？如果有，其存在形象如何？如果无法找到相应的文化符号，就应该考虑，中国文化符号如何才能被西方观众理解和接纳。可见，动画空间的文化符号的再生，实际上是要在东西文化的交融中构思角色和场景，同时，更应该传达出文化符号的内在哲学意蕴。

三　心存敬畏的生命观

  如今，国产动画创作者可以凭借现代工具的便利，随意涂抹出一个角色，但不能真正地塑造一个有票房并能持续开发衍生商品的动画角色。其症结在于在构思角色造型和场景的时候，总是信手拈来，或者，从《山海经》《聊斋志异》等奇谈的书中，进行断章摘句的模仿，缺乏了敬畏。从人类艺术的历史来看，正因为对人类之外的神灵及其延伸的世界充满了敬重与感动，中国的先民才创作出了具有神奇想象力的艺术品。例如，商代的礼器、食器、酒器、兵器等青铜器，狰狞沉重、构思奇特，反映了当时的人类对自然破坏力的神秘和肃穆而心存敬畏。三星堆出土的用于祭祀鬼神的青铜神面像，用装饰性极强的造型和简括有力的线条，塑造出了迷雾一般的美，其怪异的面部造型，洋溢着浓郁的巫术文化的气息，在黑暗的泥土里埋葬了几千年以后，重见天日，依然能震惊后人。

  先人关于神人相通的敬畏心理，后来演化为敬畏生命的伦理观。敬畏生命的伦理观对于动画创作也有借鉴意义。因为，动画角色，不是玩偶，也不是涂鸦一般的肆意描摹，而是有生命意志的符号载体。这些符号的问世，将会随着市场链条而在世界各地延伸，其生命也在世界文化中不断地衍生出新的维度和意象。

四 佛教建筑的寓意

佛教建筑，包括塑像和寺庙的建筑。寺庙的建筑，不仅包括建筑群落，还包括雕刻、绘画（壁画、栋梁上的漆画等）。动画创作，不是简单地移用佛教建筑的外在样式，而是需要深入理解其中的文化意蕴。

在韩国动画片《五岁庵》中，年幼的、孤苦无依的吉松，承受着母亲去世而不知的迷茫，以及到处流浪乞讨的辛酸，到了给予温暖、衣食与呵护的寺庙，自然活蹦乱跳，尤其是吉松不知道佛祖的威严，在众僧与方丈静心礼佛、诵经的时候，淘气的吉松打扰了和尚们的早课，破坏了佛堂的清净庄严，甚至斗胆爬上供案。在他取净瓶中的荷花时，众和尚有的诚惶诚恐，有的怒目而视，而佛祖依然慈眉善目，甚至微微有了一点笑意。也许佛祖对于小吉松的无拘无束、坦然自得、超脱一切的个性，还是很欣赏的。没有这种文化背景的西方的观众，面对佛祖的微笑，其理解也许是世俗化的，宛若长辈，面对儿孙的淘气，没有责备，总是宽容与怜爱。而在该片的结尾，小吉松被关在深山修炼的屋堂中，即一间小屋的密室。直到大和尚下山买米时，毫无管束的小吉松才能推门而入，发现了屋内墙壁上有一面墙壁大小的菩萨画像。当大和尚买米遇险后，小吉松孤苦无依、食不果腹、惊恐无助的时候，救苦救难的菩萨，成了小吉松心中的母亲，安慰了处于恐惧与饥饿中的小吉松。

可见，动画电影对于佛教建筑的沿用，不是照搬全部，而是选取与剧情有关的局部。即便是局部的搬演，也在佛教文化的整体脉络中，具有生命活力。

五 死亡空间的神秘性

《地藏经》中，详细描述了地狱的种种惨状，以劝诫人们遵守护生的美德。其实，在动画片中，死亡空间的描述，还是多样的。

《狮子王》开片不久，就设置了一个超自然的神话故事的诞生过程。《狮子王》中，丧父之后的小辛巴，每当顿挫的时候，就回忆起老狮王木法沙曾经在星空下的寄语："过去那些伟大的君王从那些星星上看着我们，所以当你寂寞的时候，要记得那些君王永远在那里指引着你。"这种超自然的无形力量，在隐约中促进着小辛巴的奋起，从而给人一种前世今生的"命运感"。如果说《狮子王》中的死亡空间，没有直接显现，甚至，老狮王的遗物都没有。那么，《小战象》中的小战象，则是生活在人类社会与动画世界的兼容状态。该片的神秘性在于，王子与小战象之间的"缘分"。王子在年幼的时候，曾经被敌国军士看押。看到莽撞闯入大营的小战象，王子决然地救了小战象一命。此后，王子与小战象一别多年，没有再谋面。但是，在战象的选择赛场，王子面对因为母亲被虐待而暴怒的小战象，似曾相识的感觉，让王子呵止了众士卒对小战象的伤害。

关于小战象子承父业，如果是单一的线条，观众可能会认为是简单、低幼的情节编织，而影片中是小战象经历了与父母分离、寄人篱下的困境之后，终于，在战象的比赛场，遇到了离别多年的母亲，成了年幼国王的战象。但是，在母子团聚后，小战象面临着一个抉择，母亲年迈，是选择自给自足的田园生活，还是去舍生忘死、奔赴疆场、保家卫国。小战象处于矛盾之中。小战象在父亲健在的战友引导下，到了皇宫的后院。在皇家的纪念室，面对着父亲的遗像，小战象的愿力逐渐强大起来，也许他的愿望是像父亲一样，效力疆场，建功立业；也许他希望奔赴战场，迎战仇敌，报仇雪恨。国恨家仇，此时此刻，融为了一体。老国王与小战象的父亲，战死疆场，国破家亡，需要子辈的雪耻，重新建立强大的国家。这些都是小战象进行选择的现实原因。其实，小战象与王子之间的这种"缘分"，对于小战象的选择也成了波浪式、回环搅动的"因"，观众需要前思后想地推断，前因后果不断游弋，不间断地连成各种因果链。当小战象面对父亲遗像、母亲哭泣劝阻的时候，到底何去何从，这种张力之下的判断，构成了动态的链接。不同层次的观众，都会有不同的组合方式。作为观众，可以依据自己的对于因果的组合，形成自己的理解。

对于死亡，也要做多维的理解和引申。按照佛教的生命观，人的生灭无常，无终无始，此时的生，是彼时的死；往世的因，可能是今世的果。《千与千寻》中，一般观众看到的是，误闯灵界后的千寻，被白龙救了一次命；而且，白龙一再托付别人，给千寻一个得以谋生的工作机会，甚至，还要冒着生命危险搭救千寻的父母。同样，白龙遇到危机时，千寻也舍身相救。从表面来看，是善男善女的青春恋情；从文化层面看，原本作为琥珀川河神的白龙，在千寻年幼失足落入琥珀川的时候，就曾挺身相救。这显示了神是人类的守护神，以及人类与神灵之间的友好关系。[①] 但是，如果从佛教文化角度看，昔日的搭救，二人的结缘，是因；此时的互救，则是再续前缘，是果。这种"因果"观念，让创作者避免了单一的因果关系，增加了前因后果的多维性，或者多时空性。从而，为矛盾的设置，增加了空灵感和玄妙性，这给予了观众广阔的解读空间，或者重新构建故事的可能。

其实，死亡空间还包括现实中的神秘场景。例如水井。在孩童的心中，总是觉得水井连通着另一个莫名的世界。这种神秘感不仅中国的儿童有，西方国家的儿童也有。通过破解西方童话的心灵密码才知道，这种神秘心理来自于对死亡的未知。"在童话故事记录的年代，人们在大多数情况下是从水井中取水的。这种井可能很深，所以有些地方的民间迷信认为一口井连接着此世界和彼世界（阳间和阴间），那里是进入彼世界（阴间）的入口。有时还认为孩子是通过水井从另一个世界来到这个世界的，而死者则又通过水

[①] 参见赵文珍《〈千与千寻〉中蕴含的日本传统文化》，《宿州学院学报》2011年第3期。

❖ 动画响菩提 ❖

井回到另一个世界。所以从象征意义来看，水井是外部世界和内部世界的联系。大地母亲的富余，也通过水井中的水清楚地表现出来。"①

以此观之，《鬼妈妈》中，荒郊野外的一口井，还特意加了一个木盖。童年的男、女主角，将一个石子丢进水井，以测试水井的深浅。一颗石子扔下去，过了半天，才有"扑通"的一声水响。这既有儿童的游戏感，也为后面的神秘性，起到了很好的渲染作用。除了水井，还有墓地、陵园等阴阳两隔的空间。这些地方宛如试金石，可以锻造、淬炼动画角色的各种因果关系。

---

① ［德］维蕾娜·卡斯特：《成功：解读童话》，晏松译，上海人民出版社2003年版，第31页。

第七章　佛教与动画角色的塑造

动画中的主角一般都具有智慧和伟力，克服重重困难，保卫了村庄、城市或者人的尊严等，总之，是救苦救难的英雄形象，既包括超级英雄、哪吒、孙悟空、花木兰、黑猫警长，也包括一休、猪猪侠、史莱克，还包括千寻等。尽管各个动画角色，形象各异，性格不同，而且具有东西方文化的差异，但是，如果从佛教文化的角度看，依然具有共通性。

一　菩萨行

佛教提倡修行的"四圣谛"，即"苦""集""灭""道"。"四谛法门有八忍、八智十六心。注意这个'忍'字，是定力，所以日本人专门用这个字，侠客叫忍者。进入菩萨道要得无生法忍，这个'忍'字很厉害。中文这个'忍'字是上面一把刃，不是刀是刃，刀是一面开口的，刃是两面都有口的。心里头一把刃切断就是忍。""忍"，又分为"生忍"与"法忍"。"生忍"，即安忍有情之嗔骂捶打或优遇；"法忍"，即安忍一切寒热、风雨、饥渴、老病等之非情祸害；于此二忍能安然不动，故称"忍辱地"。众生无始以来流转于生死苦海之中，妄执有一个"我"在，为了保护这个虚妄的"我"，互相残害，你不让我、我不让你，枉受无量苦难。①

---

① 南怀瑾讲述：《禅语生命的认知》，东方出版社2009年版，第159—160页。

据此，我们可以类推、延展出动画角色的命运塑造。动画角色遇到劫难后，或者悲愤行事，或者退隐山林，这是"苦"。但是，经历了流浪、被欺凌、生命被威胁等磨砺与周折之后，就能找到"苦"的具体原因，这是"集"。进而，寻求力量，进行反击，即使遇到邪恶势力，甚至是正义的一方到了山穷水尽的时候，依然奋力抗争，这是"灭"。作为剧情，这个"灭"的过程，不是一蹴而就的，而是像希腊神话中不断推着石头上山的西西弗斯，在磨砺中，不断确立自身的价值。当命运捉弄，导致动画角色主角在"劳其筋骨，饿其体肤，空乏其身，行拂乱其所为"的时候，不断坚守"天降大任于斯人"的鸿鹄之志，同时，"曾益其所不能"。（《孟子·告子下》）当然，在披荆斩棘的过程中，不仅能自我拯救，更能拯救一个乡村甚至整个世界的和平等。

修行，既包括破除"我执"的忍辱精进，也包括发大慈大悲的誓愿。《千与千寻》中，千寻原本是在物欲横行的社会环境、父母溺爱的家庭环境中成长起来的，对于灯红酒绿的城市生活，很是畅快，对于乡野生活，难免胆怯、消极。但是，自己一直依靠的父母都变成了猪，孤苦无依的千寻只能独自一人面对危机四伏的险境，沮丧、哭泣、颓废于事无补，因此，千寻学会了忍耐、坚毅、勇敢与执着。至于大慈大悲，千寻还没有做到，只是一点慈悲心，就解除了各种神灵的混沌状态。

其实，修行不仅是一个角色个性的成长，还是支持一个人经受磨砺的强大的内心力量。弗雷德里克·贝克（Frédéric Back）导演的动画片《种树的人》（1987年），其剧本由法国作家尚·乔诺（Jean Giono）根据真人、真事改编。牧羊人艾尔哲阿·普菲尔，曾经有自己的幸福生活，但是妻儿的早逝，使他完美的幸福生活转瞬间就灰飞烟灭。他抛弃孤独、离开故土，与他的狗和羊来到新的家园。牧羊人立志要变荒山为绿林，每天利用牧羊的闲暇，在荒凉的山地上种下近百颗橡树种子。但是，风沙、干旱导致小树的存活率很低。尽管如此，老人依然痴迷于捡拾橡树种子，栽种。日复一日、年复一年,荒山一片一片逐渐变绿。由于一个人长久地、孤单地生活,他甚至失去了语言功能。然而,老人风雨无阻,只管种树。面对政府派驻的护林员横加干涉,甚至为战争需要人们大肆砍伐树木,他依然坚持不懈。当荒漠变成了鸟语花香、枝繁叶茂、溪流淙淙的绿洲,昔日荒凉的山村变得人声鼎沸、欢歌笑语时,牧羊人已经含笑九泉了。

观众在感动之余,也许会萌发疑问:牧羊人终年风餐露宿,也没有绝望和疯狂,是否有灵魂拯救、自我救赎等信仰作为精神支柱呢?动画片中没有暗示信仰是什么。但是,可以肯定,牧羊人是"苦中作乐"。然而,从佛教角度看,牧羊人的生活,是一种苦行僧式的生活。这种"苦",是追求一种解脱。佛教讲究"六度",即"布施""持戒""忍辱""精进""静虑""智慧",又叫"六波罗蜜"。以此观之,植树老人风餐露宿,克服了常人难以忍受的孤独寂寞。也许,他的内心还有其他的价值系统,但是,这与佛教的"六度",丝毫没有抵触,相反,是互文见义、异曲同工的。

二 "有漏皆苦"与矛盾编织

"漏"就是烦恼。佛教认为众生不明白一切缘生缘灭、无常无我的道理,而追求享受、"我执"("我所有"),这叫作"惑","惑"使人烦恼。烦恼的种类极多,"贪""嗔""痴"叫作"三毒",加上"慢傲慢""疑犹疑""恶见不正确的见解"为六大根本烦恼。

以上述观点作为参照,可以看清动画角色塑造的核心理念,即动画角色的"贪""嗔""痴"是动画剧作掀起矛盾、制造混乱、推动剧情的手段。

《海底总动员》的主角是一对可爱的小丑鱼父子。父亲玛林本来有一个幸福的家庭,但在一场意外中,妻子和大部分孩子都被鲨鱼吃掉,只剩下唯一的儿子尼莫。它们一直在澳洲外海大堡礁中,

动画响菩提

过着安宁而幸福的平静生活。经历了巨大打击的鱼爸爸玛林一直谨小慎微、行事缩手缩脚，是远近闻名的胆小鬼。也正因为这一点，儿子尼莫常常与玛林发生争执，甚至有一点瞧不起自己的父亲。直到有一天，在父亲玛林不信任的眼神中，恼怒地游向了停在海上的游轮底部。正当尼莫回返时，却被潜水员捉住了，并将它带到了澳洲悉尼湾内的一家牙医诊所。影片的故事转折，起因于小丑鱼尼莫因"嗔"而生的烦恼。尼莫在父亲的严格管教与束缚下，觉得父亲不让自己离开家园，是一个巨大的无形枷锁，于是，生起了"嗔"，嗔怪父亲的粗暴干涉，觉得自己长大了，可以到外面的世界探险了。于是，离家出走。因为尼莫被掠走，父亲玛林不得不承受着"爱别离苦"。在大堡礁的海底，心爱的儿子突然生死未卜的消息，对于鱼爸爸玛林来说无异于晴天霹雳。尽管胆小怕事，如今为了救回心爱的孩子，玛林也就只有豁出去了。它决心踏上寻找自己儿子的漫漫征程。

而《狮子王》中的刀疤，本是老狮子王木法沙的亲弟弟。由于贪恋王位，便一心想除掉木法沙和辛巴。但是，它小人得志之后，其阴险、无情、孤僻的性格及暴政让它众叛亲离。因为"贪"而塑造的角色很多，例如《灰姑娘》中的继母等。"贪""嗔"都是具有副作用的心理。作为"痴"，要辩证地看，如果是对于探索精神的痴迷，还是好事情，例如《超能陆战队》中，天才少年小宏痴迷于机器人的设计。这种"痴迷"，与痴迷电子游戏的"痴迷"，具有天壤之别，因为前者，是自身生活活力的增加，而痴迷电子游戏，只是生命力的空耗及刺激性的满足。

要克服"苦"，就需要不断地调整内心与外界的关系。例如，《海底总动员》中，父亲玛林虽说已下定决心，要去远行寻子，但这并不代表玛林可以在一夜之间抛弃自己怯懦的性格。途中与大白鲨布鲁斯的几次惊险追逐，很快便令它萌生退意，险些使父子重聚的希望化为泡影。但幸运的是，玛林遇到了来自撒马力亚的蓝唐王鱼多莉。多莉是一只热心助人、胸怀宽广的大鱼。虽然严重的健忘症常常搞得玛林哭笑不得，但是有多莉在身边陪伴，却也渐渐令玛林明白了如何用勇气与爱战胜自己内心的恐惧，也懂得了一生中有一些事情的确是值得自己去冒险、去努力的。就这样，两条鱼在辽阔的太平洋上的冒险使它们交到了形形色色的朋友，也遭遇了各式各样的危机。而鱼爸爸玛林也终于克服万难，与儿子团聚并安全地回到了自己的家乡。过去那个让自己儿子都瞧不起的胆小鬼玛林，经过这次考验后成了儿子眼中真正的英雄！

三　善良与救赎

1942年，美国科幻作家阿西莫夫（Asimov）在他的短篇科幻小说——《我，机器人》中，首次提出了人类在设计机器人的行为程序时应使其遵守的三条原则：第一条，机器人不得伤害人类，或者坐视人类受到伤害；第二条，机器人必须服从人类的命令，除非这条命令与第一条相矛盾；第三条，在不违背第一、第二条原则的情况下，机器人必须保护自己。"阿西莫夫自己也担心这些原则的效果如何。从这三条原则中衍生出来的矛盾与两难选择，是他很多成功科幻小说的故事主线。例如，机器人预测人类的行动时，应该预测多久？它又该怎样计算各种可能情况的发生概率？如果没有时间限制的话，机器人在做任何行动之前都会进行大量计算，这可能会使它无暇顾及其他事务。还有一个例子，机器人可能会认为，保护人类的最好方式就是让所有人类都进入昏迷状态，这样就不会有人跳楼，也不会有交通事故。"[①] 可以看出"机器人三原则"的目的是让拥有高智能的机器人保护人类，而不是盲目地接受指令。保加利亚科幻作家柳本·迪洛夫（Lyuben Dilov）在小说《伊卡洛斯的路》（1974年）中提出第四条原则：机器人在任何情况下都必须

---

① ［英］卡鲁姆·蔡斯：《人工智能革命》，张尧然译，机械工业出版社2017年版，第165页。

确认自己是机器人。而在《超能陆战队》中，"机器人三原则"则被纳入了剧情。

影片的主人公小宏是个14岁的少年。他的父母早亡，和哥哥阿正一同由姑妈抚养长大。小宏高中毕业后痴迷于机器人比赛。哥哥非常巧妙地把他"骗"到了实验室中，让他见识了先进科技的成果，从而激发了他接受正规教育的强烈愿望。但后来哥哥为了救卡拉汉教授而命丧火海，这给小宏的心灵带来了巨大的创伤，他因此而萎靡不振。一次，小宏意外地发现卡拉汉利用了他的微型机器人从火海中逃生，并企图用它来毁灭克雷公司，弄清了真相后，小宏和阿正的朋友们，联合起来，和强大的卡拉汉展开较量。

大白是哥哥阿正生前制作的医疗助手机器人，当小宏命令大白杀死卡拉汉时，大白说："我的程序不允许我伤害人。"这体现出阿正制作机器人时遵循了第一条原则。当小宏第二次试图移除医疗保健芯片，装上载有杀戮程序的芯片时，机器人大白拒绝打开插卡器槽口，这体现出第二条原则。大白对于所有生命一视同仁，当发现卡拉汉的女儿仍然存活时，它牺牲了自己完成了保护他人健康、挽救生命的任务，这是第三条原则的实现。可以看出阿正是个有着崇高的人文精神的科学工作者，他制作的机器人大白，完全遵循"机器人三原则"。这既体现了科学的普遍、公正和创新的准则，也体现了推崇人的价值、关怀人的处境的人文精神。阿正的善良，通过机器人大白实现了。其实，这是一个错位的设定。如果阿正知道了卡拉汉的阴谋与血腥，还能否坚持"机器人三原则"呢？

大白、小宏及小伙伴们组建超能陆战队，一往无前、奋不顾身地挽救他人的生命，使公众免于灾难。甚至在卡拉汉身陷火海时、在卡拉汉的女儿身困磁场时，超能陆战队队员们以悲悯的情怀，宽恕了卡拉汉，依然救出了他们。当然，这种宽恕与善良，经历了对决。《超能陆战队》中的阿正，是善良、纯洁、博爱的象征，为卡拉汉所蒙蔽并死于大火。但是，阿正设计的大白及其健康护理程序的芯片，则延续着博爱。大白，作为机器人，只是一个工具，关键是芯片的价值取向。小宏的心理和行为，则一度使大白摇摆于天使与恶魔之间。具体体现在两个芯片的迥异：一个是阿正制造的装有一万多种、精心医疗护理程序的芯片；另一个是小宏为复仇而编程的、有骷髅头标志的攻击性芯片。幸亏朋友们在关键时刻拔出了攻击性的芯片，换上了具有护理程序的芯片，才让小宏和大白都逃离了恶魔的邪恶。最后，小宏和大白英勇救出了卡拉汉教授的女儿。见此，卡拉汉教授幡然醒悟，倍加懊悔。"救赎"，在此有两方面的意义：一是让卡拉汉因为感动，而祛除了贪婪，让自己残存的善良得以生根发芽；另一方面，让小宏的仇恨及因此而生的"苦"，渐渐消弭。

四 涅槃

"涅槃寂静"和"有漏皆苦"相反。涅槃是"无漏"，是苦果、苦因的消灭，也就是"十二缘起法"的止灭。涅槃就是圆寂，是智慧福德圆满，永恒寂静的最安乐的境界。佛教认为这种境界"唯圣者所知"，不能以经验上的有、无、来、去等概念来测度，是不可思议的解脱境界。涅槃的观念及其意象，在世界动画作品，如"功夫熊猫"系列中已经运用得出神入化。

（一）得道高僧的形象

乌龟大师得知自己大限将至，与前来惊慌报告泰狼越狱危机的浣熊师父，进行了一段具有玄幻色彩的对话之后，便身裹片片桃花，消融于夜空中。这个情节设计具有中国传统文化的渊源。

中国禅宗的祖师们，已经证得生死自在，能够获悉自己死亡的时间。他们通过对佛法的真实了解，对生命有了正确的认识，甚至能勘破生死的阴霾。如果穿越时空的限隔，对生死能坦然面对、无所畏惧，那么，死亡自然会成为一件美好的事。佛门高僧大德对于生死，真是洒脱。如宋朝的德普禅师，十分洒脱地遗世。有一天，

◆ 动画响菩提 ◆

他把徒弟都召集到跟前来,吩咐大家说:"我就要去了,不知道死了你们如何祭拜我,也不知道我有没有空来享用,与其到时师徒思念,不如趁现在还活着的时候,大家先来祭拜一下吧!"弟子们虽然觉得奇怪,却也不敢有违师命,于是大家欢欢喜喜地聚在一起祭拜了一番,谁知道第二天一早,德普禅师就去世了。像这种先祭后死的方式虽然很奇怪,却也不失幽默![1]

(二)破除我执的启悟

"功夫熊猫"系列中,听闻泰狼逃出牢笼、准备报复的消息后,浣熊师父前来告知乌龟大师。其对白如下:

> 浣熊:大师,大师。
>
> 乌龟:嗯?
>
> 浣熊:我有个坏消息。
>
> 乌龟:啊,师父,就是一个消息,没有好坏之分。
>
> 浣熊:大师,你是对的,泰狼已经越狱了,正在来这里的路上。
>
> 乌龟:如果你不相信龙大侠可以阻挡他,那才是个坏消息。
>
> 浣熊:那个熊猫大师?那个熊猫不是龙大侠,甚至他出现这里,并非必然,仅仅是个意外。
>
> 乌龟:没有偶然。
>
> 浣熊:是的,我知道,你已经说了两次了。
>
> 乌龟:老朋友,如果你不能跳离幻相的控制,那么,那个熊猫将从来不会履行自己的命运,你也一样。
>
> 浣熊:幻相?
>
> 乌龟:是的,看这棵树,师父,我不能让它顺应我的意向

---

[1] 参见圣凯《佛教现代化与化现代》,金城出版社2014年版。

来开花,也不能让它在该结果的时候,结满果实。

浣熊:但是,有些事情,我可以控制,当果实满枝的时候,我可以让它落下来。而且,我可以控制在哪里播撒种子。大师,根本没有幻觉。

乌龟:啊,但是,无论你做什么,种子,将长成桃树。你也许想得到苹果还是橘子,但它还是桃树。

浣熊:但是,桃子,不能击败泰狼。

乌龟:也许,他能,如果你愿意去引导、培育、信任他。

浣熊:但是,怎么办,怎么办,大师,我需要你的帮助。

乌龟:不,你只是相信,允诺我,师父,允诺我,你将信任。

浣熊:我,我将尽力。

乌龟:哦……好吧,我的大限该到了,没有我,你一定继续你的行程。

浣熊:什么,什么,什么,你等待什么?大师,你不要离我而去呀。

乌龟:你要相信。

浣熊:大——师——。

上述对话,很富有佛教的哲理。浣熊师父由于一直对熊猫的大侠身份心存抵触,当听闻泰狼越狱来血洗山村的时候,已经有些神经错乱了。但是,即将离世的乌龟大师,依然告知他:要破除"我执"。

"我见"是由第六识所起的认知,而"我执"是由第七识所起,所以"我见"不是"我执"。"我执"可以说是"无明"的同义语,佛教中指对一切有形和无形事物的执着,指人类执着于自我的缺点。消除"我执"是佛教徒的一个修炼目标,认为没有"我执"就可以将潜在的智慧显现出来。可见,乌龟大师已经明白地启示浣熊师父,他过于"我执",而且根深蒂固,这样,遇到了危机,也不能明心见性,以澄明的心智,另辟蹊径,参透一些玄机,启用正能量。

(三) 充满玄机的台词

影片中,乌龟大师有很多台词,要么是佛教典籍中引语的转译,要么是直接引用,孙海燕曾在《浅析〈功夫熊猫〉中的佛教元素》一文中梳理了"功夫熊猫"系列中的台词,有六句皆出自佛教义理。在此摘取三句台词说明"功夫熊猫"系列与佛教的渊源。其一,台词:"从来没有什么意外。"偈云:"欲知前世因,今生受者是,欲知后世果,今生作者是。"(《三世因果经》)佛教不讲"意外"与"巧合"等词汇,因为一切的万物有情,都是"因缘"和合而生。一切现象都在因果之中,一切事件都有"因缘"。这句话极好地体现了佛教的"因果"思想。乌龟大师重复说了三次,浣熊师父又重复了一次。其二,台词:"你的思想就如同水,我的朋友,当水波摇曳时,很难看清,不过当它平静下来,答案就清澈见底了。"源自道信大师的语录:"众生心性,譬如宝珠没水,水浊珠隐,水清珠显。"其三,台词:"昨日之日不可留,明日之日未可知,只有今天是天赐的礼物。那就是它为什么被称作'当下'。"[①] 一部美国的动画片,在台词的遣词造句方面,完全是"有根有据"地转换自中国佛教的典章,这就是文化的感染力与魅力。

其实,摘引世界典籍的名言绝句,转换为台词,并非始于"功夫熊猫"系列。1995年,押井守导演的动画电影《攻壳机动队》的台词,就已经是引经据典,例如台词:"不成熟的男人会为高贵的理想死去,成熟的男人则会为理想而苟且偷生",是威廉·斯泰克尔的名言;台词:"柿子青的时候连乌鸦也不会去啄",是出自日本小说家的名言;台词:"明明是自己的面容扭曲却责怪镜子",出自果戈理(Gogol – Anovskii)的《钦差大臣》;台词:"其数何等

---

① 孙海燕:《浅析〈功夫熊猫〉中的佛教元素》,《社科纵横》(新理论版)2010年第2期。

众多,我若数点,比海沙更多",出自《旧约圣经》的诗篇。可见,《攻壳机动队》的台词直接引用于中国、日本、德国、英国、俄罗斯等东西方的哲学家、小说家、教育家、社会学家等的名言。

古人先贤的妙语,言简意赅,意象万千,其情感的冲击力,也犹如暮鼓晨钟一般应时与契机。这些体现了涅槃思想的台词的运用,使得《攻壳机动队》与"功夫熊猫"系列意境悠远、情愫繁密、思想玄奥,堪称一绝。

五 无常与劫难

什么是"无常"?"宇宙一切现象,都是此生彼生、此灭彼灭的相待的互存关系,其间没有恒常的存在。所以任何现象,它的性质都是无常的,表现为刹那生灭的。"[①] "无常观",强调不能安享世俗之乐,要从变化的角度看待事物。这种变化,有时候是不以人的意愿为转移的。佛教的"无常观",只是一个总体的序列,其中的动力因素是"业力不灭"。"业"是永远不灭的,"业尽"意味着意志活动停止。但是生命并不是纯物质的,所以各人所造业,并不因物质的身体之死亡而消灭。死亡之后,业的力自会驱引自己换一个别的方向,以别的形式,又形成一个新的生命。这种转换状态名曰"轮回"。懂得轮回的道理,便可以证明"业力不灭"的原则。[②]

"无常"和"业力"这两个概念,让我们能深入理解动画中角色的行为和命运。对于角色而言,突如其来的灾难,或者渐行渐近的危机,对于编剧而言,都是信手拈来的。但是,为什么国产动画的剧作,就无法做到细腻真实呢?深层的原因,就是国产动画的剧作,一般都没有深入角色的内心及命理,换言之,就是没有对"业

---

① 赵朴初:《有乐感的佛心——赵朴初居士释佛》,中国长安出版社2005年版,第36页。

② 参见梁启超《梁启超谈佛》,东方出版社2005年版。

力不灭"进行深入的理解和刻画,导致这些灾难和危机,如同凌空飞至的砖头和石块。但是,探究成功的动画片的肌理之后会发现,各种业力的作用,会增加危机和灾难与角色之间关系的真实性及可信度。剧情走势,需要根据这些或隐或现的外力来编织和决定。而且,隐和显,也是相对的。但是,这些千丝万缕的关系及其编织,能让观众对角色及其命运感同身受,甚至形成"一体化"的沉浸感和共鸣。所以,"业力不灭"的命题,让动画创作者深入分析角色及周围的各种"业",以及"力"的大小、高低和走势,而非简单地、外在地添加,或者是生搬硬套。

例如《鬼妈妈》之所以进入鬼的世界。原因在于,卡洛琳是一个只有十几岁大的小女孩,对身边的一切都充满了好奇。由于家庭拮据、工作繁重等,卡洛琳的父母举家搬迁到另外一个远离都市、相当阴郁和诡异的小镇。训练了一个老鼠马戏团的老爷爷及整天吵架的怪异姐妹,给卡洛琳带来了一些快乐和神奇的感受。但是,当父母又搬家到了荒芜的山区后,周围没有伙伴可以交流,父母忙于工作,根本无心关照卡洛琳。卡洛琳曾经数过家里的门,竟然有十三个。所有这些,都促成了卡洛琳,在发现原与真实世界一模一样的"镜像世界"后,掩耳盗铃般地压抑了自身的怀疑和恐惧,满心释怀地加入了那个鬼妈妈的家庭。

同样,在《萤火虫之墓》中,影片开始,一个衣衫褴褛的少年,气息奄奄地躺在人来人往的车站,正走向他短暂生命的终点。其实,如果我们仔细分析这场悲剧的情节,就可以发现命运的自然走势。故事发生在第二次世界大战战败一个月后的日本。哥哥和妹妹自小生活在殷实的家庭,父亲是日本"大和号"航母上的军官。有知识的高级军官在当时的日本是很有社会地位的,他教儿子练剑,可见,作为一名武士的责任感、名誉感和斗志已内化于心。母亲具有艺术气质,并参加救护队,可见,爱心和责任感也流淌在其心中。这些都是内在的"业力"。日本本土在第二次世界大战中遭受了美国的空袭,妈妈在轰炸中突然离世。在突如其来的打击面前，哥哥能做的只是将妈妈死去的消息瞒着年幼的妹妹。空旷的广场上，哥哥卖力地为哭着要找妈妈的妹妹表演着单杠，夕阳下两个瘦小的身影显得那么单薄。但是，哥哥没有无力地哭嚎，而是坚韧地担负起了责任。这是一个小武士的成熟。

兄妹俩去投靠亲戚。不久，父母留给的食物和存款，都已经用尽。而且，战争让本来是远亲的亲情更疏远，物质的贫乏更使人们彼此冷漠。越来越多的白眼、讥讽和碗中越来越少的米饭，实际上是一种变相的驱赶。此时，哥哥强烈的自尊心和妹妹的哭诉，让哥哥无法承受亲戚的冷嘲热讽。于是悲剧开始了。如果哥哥能够忍受寄人篱下的辛酸，也许会赖在亲戚家里，最起码，可以有遮蔽风雨的住所。然而哥哥还在梦想着，父亲能够很快衣锦还乡，改变他们的屈辱生活。这种梦想、年幼无知、刚烈的性格及战争的残酷、饥荒，都让哥哥带着妹妹逐步走向了死亡的深渊。其实，夏日微醺的萤火虫，荧光点点，黄色晕染，表面是一种诗意。但是，中国有"化腐为萤"的古韵，实际上，萤火虫的生存之地，是腐草丛生的。而且，"轻罗小扇扑流萤"，也说明这种环境远离村镇，过于凄冷和荒凉。所以，兄妹在这样的环境中饥餐露宿，必然生病，在没有医药的情况下，必然死亡。可见，"萤火虫之墓"，只是给兄妹的死亡添加了一点想象的荧光而已，借着年幼无知的生命夭折，让人们叹息和哀婉。没有父母怜爱的兄妹的夭亡，让世界观众唏嘘落泪。很多观众都从正面关注、同情兄妹的命运，童话般的光晕遮蔽了兄妹所处环境的现实的"业力"，战争的强力让观众忽略了哥哥自身的各种"业力"，这就是动画创作者的高明之处。

相形之下，国产动画的剧情创作，不是努力地发现角色身边的"业力"，而是想当然地设置各种外在的危机和灾难，以至于这种外力，只能摧毁或者挤压角色的身心，却无法形成角色的内在的命运，更不能潜移默化地扭转其命运的走势。

六　童心与赤子之心

　　童心之所以美好，是因为它尚未受到世俗功利的污染，它纯洁、真诚、善良，若能将童心的真情和热诚扩大，世间将减少一些虚伪、功利和冷酷。故孟子有言："不失赤子之心。"（《孟子·离娄下》）《维摩诘经》中的"心净则佛土净"及"在人世中出世"的思想，都是其最为重要的思想资源和经典依据。净土宗理论的"直心"就是没有虚假的真心、净心，就是丝毫没有受尘世污染之心。丰子恺认为儿童没有成人的功利，即使是面对洋钱，在儿童看来，"个个是白银的浮雕的胸像"，"这是儿童们的本能，他们并没有接受过别人的教诲……即使是有钱人的孩子也并不把钱当回事"，"金钱并不是童年时代的愿望"，孩子们眼中的"洋钱"只是与绘画雕刻一样的艺术品，是"洋钱"本身[①]。

　　佛心与童心，有异曲同工之妙。童心没有为世俗、功利所遮蔽、牵扯和羁绊，是本真的，即使被伤害了，也能宽恕和健忘，这是观众接纳并喜爱以儿童为角色的动画片的原因所在。童心未泯的人，一般都是"智慧"的，具有明心见性般的睿智。这是动画角色能够异想天开地应对各种挑战和危机的合理性的前提。或者说，儿童是聪敏的智者、哲学家。这是动画剧情可以异想天开但又合情合理的前提。

　　只有达到了童心的层面，才能使动画具有童话的社会功用。维蕾娜·卡斯特（Verena Kast）在《成功：解读童话》中指出童话故事描述的是解决问题、发展自我的过程。童话中的人物，"一方面要有积极主动地对待生活的观念，以及面对恐惧的勇气；另一方面所要求的是，静观的或冥想的，对于灵感、念兴持开放的态度"[②]。

[①] 参见朱自强《儿童文学的本质》，少年儿童出版社1997年版。
[②] ［德］维蕾娜·卡斯特：《成功：解读童话》，晏松译，上海人民出版社2003年版，第167页。

"童话是大家共同分享的一种对于愿望的满足，是解决冲突和赋予经验以意义的抽象的梦……是对个人心灵为挣脱恐惧和强迫行为而做的挣扎的隐喻。"① "童话是我们第一次接触到的社会雏形，在虚拟的情节之下，让我们预备了进入真实世界的能力。"② 具体而言，童年的成长是童话宛若再版复制，是一个容易激发观众同情心的过程。"在民间童话中，主人公大多在十五六岁时离开家庭或乡村团体，开始一段探索未知世界的旅程，渐渐走向独立，这就是他们人生中的分离时期。成年仪式中的分离阶段是强制性地被赋予的，具有文化上的规约作用；童话中的分离也即外界旅行的动力，主要是家庭职能的衰微、贫穷与缺乏，而这些动力的根本也在于社会对个体成长的需要。"③ "家庭暴力也将导致分离。继母的虐待使兄妹俩逃离家庭至野外；父亲的乱伦威胁迫使女儿披上驴皮脸涂烟灰，逃离可怖的命运。当家庭失去原初的喂养与庇护职能时，儿女们被迫独自进入寒冷而陌生的世界，在惶恐与茫然之中被动地等待或主动地寻找改变命运的契机。"④

如果要实现动画的功能，动画创作者就应该按佛教义理的要求修行。而且，这颇类似于《圣经》中的"倾空的器皿"一说，"人若自洁，脱离卑贱的工作，就必作贵重的器皿，成为圣洁……圣经中多处将人比作器皿，器皿，意指生命原本由神创造，自我只有被倾倒以至空无，神的气息才得以进入以至满溢，隐含着灵魂与神的互渗。这正是标志成长的成年仪式中至关重要的一个环节"⑤。动

---

① [美]阿瑟·阿萨·伯格：《通俗文化、媒介和日常生活中的叙事》，姚媛译，南京大学出版社2000年版，第92页。
② [美]凯萨琳·奥兰斯汀：《百变小红帽》，杨淑智译，台北：张老师文化事业股份有限公司2003年版，第5页。
③ 徐丹：《倾空的器皿——成年仪式与欧美文学中的成长主题》，上海三联书店2008年版，第18—19页。
④ 徐丹：《倾空的器皿——成年仪式与欧美文学中的成长主题》，上海三联书店2008年版，第19页。
⑤ 徐丹：《倾空的器皿——成年仪式与欧美文学中的成长主题》，上海三联书店2008年版，第1页。

画创作者如果不能倾空自己，见到童心，就不会装进博大与厚重的人文关怀，也就无法获得通达神界的灵动与惊世骇俗的超拔想象力，更不会生发出口吐莲花般的作品。

七　高僧大德的美德与动画角色

如果说电影中需要大英雄，那么，动画则需要小人物的英雄行为。既然是小人物，必然具有怯弱、自卑等缺点。但是，不管是大英雄，还是凡夫俗子，都需要面对危险之后的明心见性、浴火重生，这与佛教的"普度众生观"，是一脉相承的。因此，高僧大德的修行历程与心理，可以为动画创作提供借鉴。

佛教谈论"慈悲"，而不讲"爱"，因为在佛教看来，有"爱"就有占有欲，有占有欲就有"我执"，"爱"是"苦"的根源。而佛教讲的是"慈悲"，悲能拔苦，慈可与乐，平等度世。至于具体的修行戒律，则是戒、定、慧三学：戒学是佛教徒的行动规范和守则；定学是禅定、静虑；慧学是彻悟宇宙人生真相的般若智慧。三学是对八正道的归纳总结，是修行者获得解脱的必由之路。

作为世俗人，或者动画角色，不可能像佛教徒一样的苦修，但是，需要经历生死的考验、精疲力竭的煎熬之后，体魄才能愈加强健，追求正义的品性才能更加坚忍，克服困难的心智才能更加灵秀，同时，才有可能获得神奇的天启或力量，攻坚克难。

高僧大德的品性之一，就是"无我"的平和与理性。南怀瑾先生在论及顿悟与渐修的差异的时候做了形象的比喻："古人比方禅宗如一根竹子里头的虫，这条虫要爬出这个竹子时，是一节咬一个洞，咬了第一节后，爬到第二节再咬一个洞，爬了几十个节才跳出了竹子，这是渐修来的成果。顿悟的禅宗呢？竹子里这一条虫，不是一节一节爬上来，它横着咬个洞出来，就一直爬到顶，这个比方是顿。修禅定是渐修，修到大彻大悟，很稳当，一步一个脚印。修南宗的禅宗呢？就是'横超顿出'四个字，从横的跳出来了叫作顿悟。"①

  其实，动画角色也要求良好的心性。其觉悟程度和方式，不论是别人的启迪之后的顿悟还是渐修，都需要智慧的根基及救人苦难的宏愿。在《聪明的一休》中，当一休遇到烦恼的时候，不是哭哭啼啼地怨天尤人，相反，总是说"休息，休息，休息一下"。然后，盘腿坐地，双手指在光头上画圈，突然，灵光一现，找到了应对的妙法。这种方式，可能有游戏或者戏说的成分，但是，遇事，尤其是遇到了阻遏的时候，不是心浮气躁地简单反击，而是，智慧地应对，才符合"顿悟"一说。

---

① 南怀瑾讲述：《禅语生命的认知》，东方出版社2009年版，第85—86页。

第八章　佛教的灵异与动画的通灵

　　动画片中的角色拥有腾云驾雾地飞行、口中喷火、手掌发出光波的力量、升天入地等技法，在世界动画历史的早期，也许还能够引起观众瞠目结舌的赞叹。1928 年，张石川、郑正秋拍摄的真人故事片《火烧红莲寺》，影片中出现了剑光斗法、隐形遁迹、空中飞行、口吐飞剑、掌心发雷等动画特技，带动了中国电影史上第一波武侠电影热。但是，在动画技术日臻成熟的今天，这些特技的实现已经轻而易举，观众也已司空见惯。如今，要焕发特技的活力，就需要深入挖掘，只有这些特技具备了通灵的理念，才能具有真正的神奇。

一　巫术与通灵

　　据《说文解字》解析，"巫"，从"工"从"人"，"工"的上下两横，分别代表天和地，中间的"丨"，表示能上通天机，下达地旨；加上"人"，意为通达天地、中合人意。古人认为，"巫"能够测知人的生死、寿夭、福祸、存亡，能调动鬼神之力帮助人们消灾致富，如降神、预言、祈雨、医病等，"巫"代表人类与神秘莫测、法力无边的鬼神相沟通。在科技、医药、教育等不发达的古代社会，巫觋，成为古代民众生活中遇到各种"疑难杂症"之后必然求助的一种职业和身份。

　　对巫术的理解，我们可以设置两个背景：其一是佛教初来中土

第八章 佛教的灵异与动画的通灵

时的灵异现象;其二是原始神话中的灵异现象。

其一,佛教初来中土时的灵异现象。

"原始社会由于人们崇拜图腾和迷信神鬼,逐渐产生了沟通人神之间的'巫'。由'巫'掌管祭祀占卜,祈求福佑或被除不祥。巫教的流传在很大程度上是运用歌舞娱人,利用巫女的美色,用杂技、幻术、戏曲、绘画种种手段,为人佑福、驱邪、医病,有眩人耳目的色彩。'巫''舞'同音,'巫,以舞降神者也'。至今残存在各地各民族的巫师,如:汉族的神巫、神婆,羌族的端公,满族的萨满,壮族的师公,纳西族的东巴,景颇族的董萨,藏族的羌姆,蒙古族的查玛,虽然所降的神灵各异,但活动都不外乎祈福禳灾、降神驱鬼,与原始巫教有着直接或间接的关系。"①

西方学者则在认知了巫觋的社会功能之后,深入探析了巫觋通灵、占卜行为背后的神异能力,确切地说,是一种能量,勾画了这种能量发挥作用的路径,并将这种超凡异能称为"卡里斯玛(Charisma)"。"在具有卡里斯玛资质的自然物、人工物、动物及人的'背后'隐藏着某种'存在者',它要为前者的行动负责。此即精灵信仰。起初,'精灵'并非灵魂、邪魔,亦非神,而是某种物质的、却又不得而见,非人格的、却又有其意欲的不可捉摸的东西。它进入一个具体实物里,并将其特殊的影响力加在后者身上。它也可能离逸而去,而使后者成为无用的道具,从而使巫师的卡里斯玛丧失殆尽。另一方面,精灵也会消失得无影无踪,或者再进入其他人或物里。"② 精灵信仰是巫术的根基。相对于理性的巫术施行,狂迷、忘我的社会形态,则是宗教共同体关系的原初的朴素形态。

马克斯·韦伯在论述巫术的发展历程时,认为巫术的整个发展过程,其超自然力量的人格性、非人格性或者超人格性问题并不重要,重要的是新的经验起了重要作用。"在此之前,只有真正存在

---

① 龙建春:《阴阳家简史》,重庆出版社2008年版,第50页。
② [德]马克斯·韦伯:《宗教社会学》,康乐、简惠美译,广西师范大学出版社2014年版,第5—6页。

或发生过的事物才会在生活中起作用；现在，某种经验——属于不同秩序，仅只意味某些事物的——也开始扮演角色。以此，巫术即从一种直接操作的力量转化为一种象征的行为。"① 据此，马克斯·韦伯提出了巫术的自然主义与象征主义类型。"原先对尸体的直接畏惧（动物也有这种畏惧）——埋葬的姿势及过程经常取决于此种直接畏惧（例如屈肢葬、火葬等）——逐渐成为次要的，取而代之的观念是，必须使亡灵无害于生人。灵魂的观念出现之后，尸体必须要移到他处或封在墓穴中（提供给它一个尚可容忍的场所），以免它妒忌生者享用其所有物；如果生者想平静地过活，那么就必须用其他方式来保证亡灵的幸福。在各种有关处理死者的巫术施为中，具有经济影响的最重要的观念是，死者个人所有必须伴随其尸体进入坟墓。此一观念逐渐淡化为，要求死者之物至少在一段短期间内不得使用，此外经常也要求生者在此期间不要享用其所有物，以免引起死者之妒忌。中国人的服丧规定仍充分地保留了此一观念，结果是不论在经济或政治上皆带来不合理的现象。例如规定官员在服丧期间不得执行其职务，因为其官职——职禄——也是一项财产，因此必须回避。"②

这个例子说明，自然主义是对于尸体的敬畏，而象征主义则是对于亡灵的满足与敬重，并产生了替代的象征物。以至于帝王的殉葬，不再是真人，而是人偶。祭祀的时候，也不再是真正的牛羊等牺牲，而是面包。"类似的取代亦出现在人与神及鬼的关系上。逐渐地，事物超越其实际（或可能）内在固有的效用而'意义化'，人类也企图借由有显著象征意味的行为以达成现实具体的效用。"③

在人类历史上，巫术与早期的宗教形成互动。具体而言，佛教

---

① [德] 马克斯·韦伯：《宗教社会学》，康乐、简惠美译，广西师范大学出版社2014年版，第9页。
② [德] 马克斯·韦伯：《宗教社会学》，康乐、简惠美译，广西师范大学出版社2014年版，第9页。
③ [德] 马克斯·韦伯：《宗教社会学》，康乐、简惠美译，广西师范大学出版社2014年版，第10页。

初期传入中土的时候，也正是巫风大盛的时期，历史记载，汉恒帝初年（147—167年）进入中土的安世高，在洛阳从事译经，至汉灵帝建宁（168—171年）间，前后20余年，共译出佛经34部40卷，主要有《安般守意经》等。然传说和古籍中的记载，却并不推崇他译经事迹，独对他通鸟兽语，与蟒蛇对语等怪异经历特加渲染。《出三藏记集》卷13详述他精通神仙方术的经历，"外国典籍，莫不该贯，七曜五行之象，风角云物之占，推步盈缩，悉穷其变。兼洞晓医术，妙善针脉，睹色知病，投药必济，乃至鸟兽鸣呼，闻声知心"①。《敦煌石窟全集》第12册载敦煌莫高窟建于晚唐第9窟、五代第108窟和北宋第454窟，甬道顶绘有安世高赴江南途中异事。画面上方、下方各为一条蟒蛇抬头出来，安世高下跪相对。蟒蛇述其前世为安氏同学，因罪业化身蟒蛇，今愿意捐出所有，请安世高为其建造佛塔。整个画面的气氛十分肃穆，图中湖神佩有花环，配合上中下构图，颇有三世共叙的味道。此图说明，在中土历朝，安世高的形象是高度美学化的，即通过他的故事表现了综合的意蕴，包括谶纬巫术的神异、佛教业力轮回与解脱的道法和大乘初期祭拜佛塔等观念内容。②

另外，东晋时期的佛图澄，在传法活动中，也是借用了通灵之术。"佛图澄传播的佛教，充塞着妖妄；他的一生行事，亦多由诡秘的预言构成。据《高僧传》本传记，他'善诵神咒，能役使鬼物。以麻油燕脂涂掌，千里外事皆见掌中'。又能'听铃音以言事，无不效验'。其他如，敕龙出水降雨，治病复生，观天象知休咎，与天神交通，在相当程度上，反映了西域的原始巫术渗入佛教的情况。佛图澄开创了中国神异僧侣的一途，成了中国佛教密教的先声。"③

---

① 任继愈主编：《佛教史》，凤凰出版传媒集团，江苏人民出版社2009年版，第63页。
② 参见赵建军《映彻琉璃：魏晋般若与美学》，中国社会科学出版社2009年版。
③ 任继愈主编：《佛教史》，凤凰出版传媒集团，江苏人民出版社2009年版，第97页。

◆ 动画响菩提 ◆

佛教在大众的传播过程中，除了佛教经卷、梵呗、礼仪、丧葬民俗等，还通过话本、壁画、戏曲等多种方式，深入民间风俗。笔者在翻阅佛教美术作品时，惊奇地发现，除了钟馗捉鬼等题材外，竟然还有一幅南宋的人鬼共处于同一画框的画作。

画面中一骷髅席地而坐，用悬丝在操纵着一个小骷髅。这是宋代市井木偶表演形式之一——悬丝傀儡演出。大骷髅旁有一副演傀儡戏担子，担上有草席、雨伞等物，骷髅身后有一位正在哺乳婴儿的妇人。妇人的背后，则是一堵矮墙，上头插有"五里"字样的木板。这堵墙，成了整体画面的黑色背景。大骷髅处于画面左边，坐于地上。左腿曲折着地，右腿弓起，左手按于左大腿骨的近膝盖骨处，右手提线索以便调控小骷髅。小骷髅对面有一个匍匐在地的留有一点发髻的小儿，他左手触地，昂首，伸右臂，对着小骷髅，作伸取状。小儿身后有一少妇，伸出双臂，作阻拦状，显示出对小儿的担忧。这个少妇的尺寸较小，显示出少妇距离稍远。

从画面看，骷髅的骨骼，准确体现了现代医学上的人体骨骼的结构与比例；整体上，画面干净、利索。工笔、设色，技巧熟练。而且，在对于女子权利予以钳制的中国封建社会，女子笑不露齿、行不露足，然而，此画面却描绘了露乳育儿的元素，着实让人错愕。另外，"此画的含义至今仍然引人争论，莫衷一是。图中大骷髅披衣戴帽，操纵着提线骷髅，正是因由一个小儿，画面怪诞奇诡，将生死两界，统于一画。至于画中是写佛教的生死转化、因果轮回，还是庄子的'齐生死'观，尚待详考"[①]。

驱鬼除魅，本是道教的活动，但是，佛教在中土传播过程中，也逐渐本土化。"道教有各种符咒化水驱鬼，佛教有各种经文辟邪；道教有跳神驱邪一说，佛教有念经超度等法事；道教中有各种各样的降神扶乩，佛教中则有各种形式的布道说法；至于抽签祈福、禳

---

① 赵朴初：《有乐感的佛心——赵朴初居士释佛》，中国长安出版社2005年版，第99页。

灾卜筮等求神问卜的民间行为，佛道都是有的。佛教在闽、粤地区的传播过程中，和鬼魅结合得异常紧密。"① 而且，除了仪礼上互通有无，历代高僧大德，为了传播教义，广纳神祇，又相继撰写了诸多降魔除魅的经卷，如《灌顶经》《地藏菩萨本愿经》《佛说四大天王经》《秽迹金刚禁百变法经》《北斗七星护摩秘要仪轨》《七佛八菩萨所说大陀尼神唱经》《请观音菩萨消伏毒害陀罗尼咒经》等。②

那么佛教内部究竟如何看待鬼灵现象呢？"释迦牟尼本人并不承认自己是神。他活着的时候，以及死后相当长的时间内，僧徒也没有把他当作神来膜拜。他被神化为如来佛，与外来影响有关。到了大乘时期，这现象才逐渐明朗化。"③ 纵观佛教历史及其演化，季羡林先生认为佛教似乎是一种唯理的宗教。大乘佛教对宇宙万事万物，对人类社会，对人们的内心活动，都深入钻研，挖掘得之深、之广，达到了惊人的水平。它十分强调智慧，标举"缘起"的理论，认为一切都是无常的，一切都是变动的。因此恩格斯（Engels）认为佛教有辩证的思维。它的理论当然会有矛盾，会有牵强附会之处，这是不可避免的。但是，总的来看，它的教义中颇多哲学因素。所以，佛教初来中土的早期，一些高僧大德并不避讳采用与巫觋形同的通灵手段，这是高僧适应当时民风而施行的一种善巧与方便的传法，其目的是敷设方便。否则，曲高和寡，就不能随风化俗地深入民心。即便有鬼灵的灵异，也不影响在因地制宜的同时，保持佛教教义本身的完整。

那么，宗教与巫术之间，到底是什么关系呢？日本学者诹访春雄在其著作《日本的祭祀与艺能》中归纳为："这一区别可以概略地说是祈求和驾驭。宗教是人接近灵力，以灵力为目的的内心机

---

① 杨清虎：《中国魅文化》，中国书籍出版社2014年版，第264页。
② 参见［美］龚天民《中国民间宗教信仰与基佛问题》，台北：校园书房出版社1992年版。
③ 季羡林著，王树英选编：《季羡林论佛》，华艺出版社2006年版，第310页。

构，而巫术是将灵力引至人类一方，以灵力为手段的内心机构，二者的目的和手段各不相同。"①

其二，原始神话中的灵异现象与当代审视。

人类进入后工业化社会以来，物质生活极大满足，但是拜金主义盛行，对财富的追求、权势的争夺、欲望的无止境，自然环境的破坏，人的身心被异化，金属机械的冷漠代替了农耕社会的温情。与物质丰富对应的是精神世界的荒芜：焦虑、冷漠、疲惫、漂泊、无信仰，人类的自我危机加深，困惑成了生存的注解，心灵没有归宿的家园。而原始人在与自然的生死依偎中，从大自然中直接领悟神秘和神圣，原始神话思维保持这种人类初始时期质朴纯真的生命状态、对自然的敬畏与天人合一的哲理、万物有灵生来平等的精神，是当今人类从因过于贪取的物欲而产生的痛苦中，获取心灵救治的良药。"每当人类面对难以摆脱的困境时，他们总会仰起自己惊恐的脸庞向苍穹，满怀痛楚的激情向天上的造物主进行虔诚的祈求——正是这个意义上来说，恰恰是痛苦为人类创造了宗教情感和神灵的概念。"② 从此，人类开始"运用想象的力量，以象征的行为，企图达到控制事物的进程使之符合自己愿望的巫术由此而产生"③。当然，古代仪式参加者的恐慌、崇敬等心理被今天的人们过滤了，剩下的只是原始神话中的游戏而已。

其实，原始神话是人类幼年时期，在面对自然的风驰电掣与自然危害的情况下，对自然的敬畏，同时，又是征服自然的人类力量的投射。我们今天对一些灵异现象的新鲜感，对原始人来说也许是另人恐惧的，他们设计出一些神话，来代替自己征服那些不可抗拒的自然力。所以，神话，成了集合原始人野性

---

① [日] 诹访春雄：《日本的祭祀与艺能》，王保田等译，南京大学出版社2013年版，第34页。
② 岳春瑞：《巫怪的历史》，吉林大学出版社2009年版，绪言，第6页。
③ 吴效群：《巫觋化——中原民间文化的底色》，《学习论坛》2006年第1期。

思维和力量的载体，并寄托了人类在生存中不断挣扎的热情。但是，神话毕竟是原始人集体的归属与力量，而非原子化的个人的零散。

当然，原始神话与现实并非霄壤之隔，相反，神话的材料是在与现实生活相互对照之下的不断修正和纯化。最初的神话创造者，把神话作为即将发生的事情，这逐渐为戏剧所演绎，让我们有机会窥视人类内心的潜意识，品味其中的丰富性、合理性和无限的微妙之处。"在《哈姆雷特》《阿伽门农》或《厄勒克特拉》那类剧本中，我们无疑看到了一种细致和灵活的性格塑造，一个丰富的和有匠心的故事，充分体现了诗人和剧作家的技术。可是我想我们在表层下面看到奇异的、未经分析的震撼力，一种冀望、恐惧和情绪的潜流，这种长期沉睡然而永远令人亲近的情绪，几千年来一直潜藏于我们内心的感情深处，织进我们最神奇的梦幻之境。这条溪流可溯源于过去的年代究竟多远，我甚至连推测都还不敢，不过看来，激动它，或随它而激动的那种魅力，是天才最终的秘诀之一。"①这是古代戏剧面对现代传媒的冲击依然存在或者被电影、动画不断搬演的魅力与神奇所在。

佛教在中土的早期传播，利用灵异令民众惊奇；原始神话通过灵异，展示人类波涛汹涌但是有时候被压制以至于变形的潜意识。这两者都为理解动画创作中的通灵，提供了丰富的资料及审视的视角。

其实，奇思妙想、幻化无穷的动画，与巫术具有亲缘性。二者功能的相通之处在于，让个体在心理、生理受损的困顿中，重新振奋生存的勇气和自我肯定，斯宾诺莎（Spinoza）在《伦理学》中使用了两个术语："fortitudo"与"animositus"。"Fortitudo"（在经院哲学的术语中）指灵魂所具有的力量，是灵魂成为它本质上是的

---

① ［英］G. 墨雷：《哈姆雷特与俄瑞斯忒斯》（节选），载叶舒宪编选，《神话——原型批评》，董衡巽译，陕西师范大学出版社1987年版，第260页。

那种力量。"Animositus"是从"anima"（即灵魂）派生出来的，是指"个人的整个行为这一意义上的勇气"①。从中，我们可以看出，"animositus"与"anima"的词根是相通的，即动画的本体，不是游戏或者艺术，而是处理与"灵魂"有关的事物。动画的产生，也许与传统的巫术思维隐隐暗合。只是，随着现代科技、医疗、教育的繁荣，巫术的部分功能已经被取代，导致巫术的活动范围渐渐退隐，即使衍生出与巫术相似的艺术样式，也远离了巫术的原初思维与用途。

但是，即便如此，正如儿童需要童话一样，人类的自我审视及对未来的无限畅想，找到了臆想无所束缚的漫画、动画等载体。但是，成功的通灵设计，需要完成或者传承上述功用，才能真正具有直指人心的震撼力和艺术感染力，否则，就是一个徒具形式而没有内涵的杂耍而已。这是国产动画缺乏艺术品质与票房的原因之一。

在动画片中，神灵的出现与设计，具有自然主义与象征主义两种方式。本书的厘定是：神灵形象直接的出现，具有程度不同的功能性恐怖或者灵趣塑造的类型，为自然主义。相反，神灵形象没有直接出现，但是借用隐晦的方式或者中间性的符号，传递了一个遥远、神秘的信息。这两种类型，不管形象直接出现与否，其传递的神秘、灵异的信息、符码、意念的深度及其独特性才是关键所在。否则，就是一个颇似只能博取观众浅笑，但是没有深度意味的杂耍游戏。

（一）自然主义动画中的神灵

在日本动画短片《下雨小僧》《四月一日灵异事件簿》《精灵守护者》等中，都出现了神灵。其中《下雨小僧》更加别具一格。

手冢治虫导演的动画短片《下雨小僧》（1983年），主人公是

---

① ［美］P. 蒂利希：《存在的勇气》，王作虹译，贵州人民出版社1998年版，第17页。

第八章 佛教的灵异与动画的通灵

从乡下转来就读的蒙太,在学校屡屡被同学们欺负。一天放学后,又被欺负了的蒙太偶然认识了妖怪下雨小僧。然而,下雨小僧结识蒙太的原因非常稚趣,即想要得到蒙太脚上穿着的雨靴。交换条件是,下雨小僧可以满足蒙太三个愿望。蒙太的第一个愿望是要一个城里小孩没有的稀罕东西,在下雨小僧的带领下,蒙太找到了洗豆妖爷爷,并得到了一个会散发七彩光芒的小乌龟。可是,当蒙太向学校同学炫耀时,蒙太又一次遭到欺凌,小乌龟还被夺走了。蒙太连忙向下雨小僧提出第二个愿望——打败那些欺负他的坏人。看到欺侮他的男孩们,被闪电击中后仓皇鼠窜的样子,蒙太终于出了一口恶气。在一个宁静的山坡上,心绪平静了一些的蒙太,问为什么只有他一个人才能看到下雨小僧,下雨小僧说是因为蒙太总是没有朋友,孤独一人。下雨小僧伤感地说,当蒙太交到朋友后,他也看不见他了。就在交谈之际,蒙太发现远处浓烟滚滚,定睛一看,竟然是蒙太家的房屋火光冲天,蒙太哭着向下雨小僧求助,并且答应他灭完火立即将靴子送给他。下雨小僧冒着生命危险扑灭了大火,但是,蒙太家的房屋已经是烟灰满地,仅剩下了残梁断柱。恰巧此时,蒙太的父亲需要转任,只得离开乡村。逃离了坏孩子欺侮的蒙太则是愁云扫尽、欢天喜地,忙碌中竟然忘了对下雨小僧的承诺。而下雨小僧却一直站在第一次相遇的桥底,等待着蒙太。转眼间,40年流逝,已经是一家百货公司老板的蒙太,陪女儿逛街时,偶然看到橱窗里的雨靴,突然想起来自己的失信与爽约。随即启程,赶回老家,令人唏嘘的是,已经浑身破烂不堪的下雨小僧,依然在桥底翘首等待。十分愧疚的蒙太,只能道歉、告罪。但是,转瞬间,下雨小僧的身体变得越来越透明,和蒙太道别后便消失了,夕阳映衬的天空中,细雨霏霏,七色的彩虹横卧天际。

本片中直接出现的神灵形象,依靠怪异的能力,介入了叙事。同时采用了神灵的拟人化手法,推动了人物内心的转换。原始神话中,神灵形象的设计雏形,是与之对应的世间角色。所以,神灵与人类之间的关系,就是世间人与人关系的置换。"神之拟人化的过程也可以采取以下形式：赋予他类似一个强大的地上君主的行为模式，因此可以利用祈求、献礼、服务、贡献、阿谀及贿赂等方式以取得其自由裁量的恩宠。此外，由于皈依者自己的信心及符合君主意志的良好行为，也可以取得君主的恩宠。以此，神即被模拟为地上的君主：一个有力量的存在者，其权力只有程度上的不同——至少刚开始时是如此。当神演化为这种形态时，'崇拜神'即被视为有其必要性。"① 神灵也分善恶，对于邪恶的神灵，就需要进行斗争。

例如，美国罗恩·克莱蒙兹（Ron Clements）、约翰·马斯克（John Musker）联合执导的动画电影《大力士海格力斯》（1997年）中，地狱之神海蒂斯，听信了命运之神的虚妄、逢迎性的预言：18年后，地狱之神海蒂斯在巨魔的帮助下，可以君临天下；但是，如果宙斯的儿子海格力斯参战，海蒂斯将败阵。于是，两个仆人听命于海蒂斯的安排，手忙脚乱地把海格力斯带到了凡间，还灌了一瓶可以让海格力斯丧失神性的毒药。惊慌中，毒药没有被完全灌给海格力斯。多亏还剩下一滴药液，海格力斯才没有在沉睡中死去。幸运的是，海格力斯被一位名为安斐翁的老人收养并抚养成人。但是，海格力斯力大无穷，在拉车去市场的时候，竟然撞坏了一个建筑物的梁柱，导致了整个建筑物倒塌。此后，海格力斯拿着养父母给的一个刻有神明标记的金牌，到了宙斯神庙，祈求神明。宙斯的神灵附体于庙中的神像并告知，只要证明自己是不同凡响的英雄，就可以重新回到奥林匹斯山，成为神明。海格力斯找到了半人半羊的神灵菲洛斯作训练老师，幼年的小飞马柏格思作陪练。不久，海格力斯英雄救美，救了蜜格拉。殊不知，蜜格拉竟然是地狱之神海蒂斯的帮手。海格力斯来到治安恶化的城市锡比思，救出了痛苦、慌张的，压在巨石下的男孩、女孩，不料，巨石压住的一个

---

① ［德］马克斯·韦伯：《宗教社会学》，康乐、简惠美译，广西师范大学出版社2014年版，第33页。

恐龙出现了。被吞下去的海格力斯,腰斩了巨龙。但是,巨龙的身子变出了三个头,甚至是多头怪兽,追杀海格力斯。千钧一发之际,被海格力斯挥拳打碎的巨石,压死了多头怪兽。对海格力斯情窦初开的蜜格拉,此时被海蒂斯胁迫出卖色相,获知海格力斯的弱点后,就可以获得自由。然而,意外偷听了海蒂斯与蜜格拉对话的菲洛斯千方百计地想阻止海格力斯,没有成功,灰心而去。海蒂斯蛊惑海格力斯放弃力气24小时,以此为条件,给蜜格拉以自由。没有了后顾之忧后,海蒂斯放开狱中的泰坦巨魔,攻击宙斯。同时,让一个怪兽置海格力斯于死地。在爱情与自由的痛苦抉择后,蜜格拉放开飞马,去找菲洛斯,前来搭救海格力斯。海格力斯又获得了神力,拯救了陷入困顿的宙斯和奥林匹斯山。随后,海格力斯视死如归地来到地狱,跳进了死亡的深渊,拯救了蜜格拉的灵魂,让蜜格拉死而复生。在此过程中,海格力斯自己也蜕变成了神灵。二人来到奥林匹斯山,受到了父母和众神的欢迎。但是,为了能够和蜜格拉长久相守,海格力斯依然选择留在凡间。

上述两部动画片中的神灵塑造,都应归属于动画神灵的自然主义类型,不管形象丑恶还是美丽,不管正义还是邪恶,他们的直接出现,都促进了神灵与凡间人类之间的直接互动。

(二)象征主义动画中的神灵

象征主义,是指神灵形象没有直接出现,而是以象征的手法表现出来。例如,《狮子王》中,小狮子在父亲死后,茫然不知所归,一夜,仰望星空,追忆父亲曾经的教诲;《小战象》中,小战象在皇宫看着父亲的遗物、听父亲昔日战友的讲述,让遗物有了灵异之力的象征。至于佛教的万字符,则是佛教的一个象征。给离世的亲人烧纸,则是祖先崇拜的一个符号。象征主义动画中的神灵,更像中国国画中的留白,不敷设笔墨,却意象万千。

本书将动画神灵形象,拆分为自然主义形象与象征主义形象两个类型,目的在于强化对通灵的理解,即通灵不仅是角色具有的人类所不具有的超凡入圣的灵力,更主要的是,让动画创作者具有一定的神圣感,不能简单地认为,动画角色的设计,是肆意的拼贴,或者随意的删减,相反,动画创作者要有一种使命感,自己的动画设计是服从冥冥之中、意味深长的差遣,创作者本身只是一个貌似于传达或者转译神意的巫觋,从而增强动画角色的生命活力和思维深度。

动画制作,无论原画,还是插画,本身也是动画表演,是将动画角色的生命力有如"浪遏飞舟"的、浪花飞溅的壮观与艰难,形象地予以呈现。"'俳'的原意是指所包含的神意,有深奥的意义、意图之意。而'俳优'由此而是指神和人(挑选的人)的交流形式,也就是萨满(巫觋)打探神意的宗教行为,同时也指从事这种行为的人。"[①] 依此,援引出动画表演的功能,犹如从神圣空间中剪取的一段趣事。相应地,动画创作者只有自身有一个遥不可及的、星河灿烂的神秘空间,并有一种传达和转述的激情,才能塑造出令观众遥想的作品。而创作者心中的遥远星河,也是观众眺望并想跻身其中的心灵空间。

二 动画通灵的样式

动画神灵的样式,各种各样。本书归纳了三类,即角色自身具有的灵异能力、通过中介装置的通灵、灵异与奇观。

(一)角色自身具有的灵异能力

动画片中,机灵鬼怪的男孩和女孩,一般因为具有通灵能力,从而拓展了生活的空间,具有超凡入圣的能力。《小飞侠》中的小飞侠,可以上下翻飞,智斗海盗。《爱丽丝梦游仙境》中,爱丽丝

[①] [日] 诹访春雄:《日本的祭祀与艺能》,王保田等译,南京大学出版社2013年版,第59页。

可以与生活中的小兔子进行交流。美国电视动画片《小公主苏菲娅》中的苏菲娅可以听懂动物的语言，而苏菲娅的爸爸妈妈及其他人，都不具有这个能力。在宫崎骏的《魔女宅急便》中，主人公是13岁的女孩琪琪，她能骑着扫帚去送邮件。这些奇异能力，都是角色本身就具有的一种通灵的能力。

另外一种通灵的方式，就是借助类似的巫术，通灵才能应验和出现。例如，日本动画片《花田少年史》《物怪》《神灵狩》《虫师》《阴阳大战记》《少年阴阳师》等。欧美动画电影中，类似的动画角色塑造的影片，有《通灵男孩诺曼》《科学怪狗》《鬼妈妈》《圣诞颂歌》等。其中的角色都有跟鬼魂进行交流的能力。

（二）通过中介装置的通灵

在美国动画电影《阿凡达》中，圣母之树的周围，巨大拱形的、宛若天桥的岩石石头桥是按照磁力线分布的；漂浮于空中的巨大的山石如同宫崎骏笔下的"天空之城"，其生成如磁悬浮列车的基本原理，但是，不受磁场作用的水，依然能形成飞流直下的瀑布。作为潘多拉空中的霸主，怪兽"伊克兰"和"魅影"都形似人们想象中的"飞龙"，与今天生物界中的蝙蝠相似；如犀牛般披着厚厚铠甲的锤头雷兽的特征集合了地球上双髻鲨（又名锤头鲨）和已经灭绝、拥有一对分岔的"犀牛角"的雷兽的特征；一群旋梯状的"含羞蘑菇"在遇到危险的时候，立刻以"卷饼"的方式纷纷收缩于地下，其原型是生活在亚洲东部海域的一种"卷管螺"；夜间活动的"精灵蜥蜴"，也拥有一对螺旋形的翅膀，文艺复兴时期的艺术家达·芬奇（Da Vinci）曾经发明过这种螺旋翼直升机，但在地球上，只有一些"翼果"类植物的种子，如蒲公英的种子、柳絮等，利用类似的原理在空中飞舞。① 这些场景和动画形象的设计，都是以天体物理的一些原理为雏形，因而，这些形象不具有通灵能力，只是具有神奇、

---

① 参见穆兰馨《〈阿凡达〉世界的博物学》，《博物》2010年3月刊。

逼真的科幻色彩而已。

　　真正的通灵能力，来自于人类与克隆的那威人之间的灵魂转换。影片主人公杰克·萨利是一位双腿瘫痪的老兵，他觉得没有任何东西值得他去战斗，但是对被派遣去潘多拉星球的采矿公司工作，他却欣然接受。吸引人类不远万里来到这里拓荒的原因就是该星球具有将彻底改变人类的能源产业。由于潘多拉星球环境严酷，人类传统的宇航服、机甲都不足以保护矿工，于是科学家们将人类的 DNA 和那威人的 DNA 结合在一起，克隆了一位人类意识可以附体的那威人。然而，只有与克隆母体 DNA 配型相符的人，才有操纵这个克隆那威人的能力。杰克·萨利的哥哥是这个克隆那威人的人类 DNA 捐献者，不幸的是，他被杀死了。唯利是图的采矿公司为了不让包括克隆那威人在内的各种投资付之东流，自然就找到了杰克·萨利，杰克·萨利对此很感兴趣，因为那将意味着他又能圆健步如飞的梦了。不过，杰克·萨利如果要加入那威族人对抗人类入侵者的战争，要付出很大的代价：他并不能永远待在"化身"中，当"化身"——克隆那威人睡觉时，他就会回到自己半身不遂的人类身体中，只有通过专门的连接设备才能重新回到"化身"中。一旦与自己的同胞为敌，他就失去了与"化身"结合的可能，只能困在残疾的身体里，并失去那个他越来越喜欢的那威女孩。杰克·萨利与"化身"之间互动的具体环节，就是通过一个机器装置传输杰克·萨利的灵魂。

　　可见，卡梅隆设计的潘多拉星球，不是凭空臆想而成的，而是基于科学知识之后的组合。这是获得不同层面的世界性观众认可的内在底蕴。但是，更换一个视角来看，《阿凡达》运用了很多的自然科学知识，对通灵题材做了写真性的包装。

（三）灵异与奇观

　　在 3D 技术飞速发展的今天，数字技术全面渗透进电影创制的全过程，使电影的视听奇观显得波澜壮阔、汹涌澎湃。与电影问世以来，就伴生发展的动画奇观，也不断地出现。如闻所未闻、见所未见的天崩地裂、山呼海啸、飓风暴雨等地球灾害等。动画片中不断出现的外星人、液态金属杀手、灭绝又复活的恐龙、食人的大白鲨、变异巨蜥蜴哥斯拉等也席卷银幕。至今，各种鬼怪角色，更是直接在动画中上演，如《僵尸新娘》《圣诞夜惊魂》《科学小怪蛋》《僵尸少女》等，不再是人形或者动物的形象，而直接是骷髅或者鬼怪之类的形象。如果说人界的角色通灵到神界，还要借助各种手段，以树立其合理性，那么直接的骷髅或者鬼怪角色，其神力就可以直接发挥了。

如果说，上述都是具有科幻色彩的欧美动画片，那么，在"功夫熊猫"系列中，乌龟大师离世所产生的桃花飞舞，则是具有东方韵味的奇观。在佛教历史上，还有很多的祥瑞气象。唐朝的玄奘法师，曾经历经沧桑、舍生忘死地去印度求法。游离至摩揭陀国的时候，与杖林山的胜军居士共处，恰巧遇到了菩提寺出佛舍利、诸国道俗咸来观礼的盛况，玄奘法师与胜军居士一起前往观瞻，遇到一个殊异气象。"见舍利骨或大或小，大者如圆珠，光明红白，又肉舍利如豌豆大，其状润赤。无量徒众献奉香华赞礼讫，还置塔中。至夜过一更许，胜军居士与法师论舍利大小不同云：'弟子见余处舍利大如米粒，而此所见何其太大？师意有疑不？'法师报曰：'玄奘亦有此疑。'更经少时，忽不见室中灯，内外大明，怪而出望。乃见舍利塔光辉上发，飞焰属天，色含五彩，天地洞朗，无复星月，兼闻异香氤氲溢院。于是递相告报，言舍利有大神变，诸众乃知，重集礼拜，称叹稀有。经食顷光乃渐收，至于欲尽，绕覆钵数币，然始总入，天地还暗，辰象复出。众睹此已，咸除疑网。"① 其实，这种殊胜瑞相，在"佛诞"的故事中也是如此。南怀瑾先生在其《中国佛教发展史略》中说："历史记载，关于命世人物，如

---

① （唐）慧立、（唐）彦悰：《大唐大慈恩寺三藏法师传》，中国社会科学出版社2003年版，第95—96页。

宗教教主或开国帝王的降生事迹，大都抄袭附会，不是说赤电绕枢，就是说红光满室，如此类例，无非表明其生有自来，旨在予以神格的装点，或偶像的塑造，颇可耐人寻味。"①

佛教灵异的唯美性及其神性思维，还是值得借鉴的。神异与奇观不仅可以叙事，而且能够画龙点睛、突出主题，并有着"象喻"作用。"象喻"是中国古代诗学提出的一种诗性阐释方式，它最根本的特点是借助一些生动具体、含蓄隽永的自然美的意象或意境来喻示解释对象的内在精神和整体韵味。其实，奇观已经具有了语言高度。"制造奇观影像的数字技术已不再单纯是一种成像技术，而是关乎电影本性，关乎电影语言，关乎电影制作、传输、接受等各个环节的技术与方法。因此，把数字时代的奇观影像定性为具有'语言叙述'功能的电影表现手段应该不算过分。"②

三　通灵的神话思维

通灵的成功塑造不在于光怪陆离，而在于其神秘性的建立，以及给人以发自内心的震惊和惊奇。现代人类需要类似原始人的神话。正如神话学家约瑟夫·坎贝尔（Joseph Campbell）所言，所有希腊的神与事和人类今天的处境毫无关联。可那些"事物"的残余，就像考古现场的陶瓷碎片一样，填满了我们内在信仰系统的"围墙"。然而因为我们是有机体，所以那些"事物"都以能量的形式存在，仪式则可以引发它。③言外之意，神话的元素像基因一样，存在于人的记忆底层或者意识的母体中，是人类自我认知的一个镜像，从而激发人类的自我潜能。"神话是这个世界的梦，且与

---

① 南怀瑾：《中国佛教发展史略》，复旦大学出版社2012年版，第36—37页。
② 郝冰：《奇观影像的百年回顾——电影特技的发展及其对电影本体论的革命》，《当代电影》2004年第1期。
③ 参见［美］约瑟夫·坎贝尔、［美］比尔·莫耶斯《神话的力量——在诸神与英雄的世界中发现自我》，朱侃如译，北方联合出版传媒（集团）股份有限公司，万卷出版公司2011年版。

人类的重大问题有关。每当我面临人生的关键时刻时,我都能清楚地意识到,神话指引我对某些危机做出适当的反应,这包含了沮丧、愉快、失望、失败或成功。神话让我清楚地知道我处在人生的哪个阶段"①。西方著名文艺理论家弗莱(Shelley)说:"作为想象的创造性的思维方式,神话并不随着社会或技术的进展而得到改善,当然也不会因此而消亡。正如非洲雕刻可以成为毕加索高度精致的作品的强烈影响因素一样,澳大利亚土著的社会化也同我们文化中的神话一样深刻并富有启示意义。"②

神话、艺术品、古迹,都是人类曾经在某个地域、时间,以某种方式的独特存在,表现了人类的智慧与活力。所以,这些内容不会消亡,只能是随着时间的推移而不断在日益复杂化的文化领域中,相对缩小或者变形、分解。毕加索对非洲雕刻的惊奇,在于他读懂了文化"化石"的语言。同样,日本的浮世绘,也引起了梵高的注意,使其画出了《向日葵》。人类不断成长,对昔日的文化"化石",能够复活其为生命的活体,并进行久远的对话,甚至是逆向性地回复当时的自然环境。

至此,人们会追问,在科技发展速度一日千里的情况下,神话的现代价值何在?或者说,神话历久弥新,满足了人类的哪些内在需要?也许,这种归因性的解释有诸多路径,但是,笔者还是觉得弗洛伊德(Freud)的理论具有内核性。

弗洛伊德认为,人的精神由"本我""自我"和"超我"组成。人格中最早、最原始的"本我",是生物性冲动和欲望的贮存库,按"唯乐原则"进行活动,这种快乐特别指生理和情感的快乐。"本我"由各种与生俱来的生物本能的,诸如无意识的生命

---

① [美]约瑟夫·坎贝尔、[美]比尔·莫耶斯:《神话的力量——在诸神与英雄的世界中发现自我》,朱侃如译,北方联合出版传媒(集团)股份有限公司,万卷出版公司2011年版,第16页。
② [加拿大]弗莱:《圣经文学与神话》,载叶舒宪编选《神话——原型批评》,董衡巽译,陕西师范大学出版社1987年版,第396页。

力、内驱力、冲动、欲望等心理能量构成，完全处于无意识中，处于被理性压抑的状态。"自我"是自己可意识到的进行思考、判断的部分，按照现实的原则、逻辑和常识来行事，遵循的是"现实原则"，具有防卫和中介功能，保护整个机体不受伤害。"超我"，与"本我"相对立，是人类心理功能的道德分支，它包含了我们为之努力的那些观念，以及在我们违背了自己的道德准则时所预期的惩罚（罪恶感）。"超我"能够在非常原始的层次上发挥其功能，所以相对来说经不起现实的检验，也就是说，不能够依据不同的情境来改变自己的行动。此外，个体为非黑即白，"全"或"无"的判断所束缚并且追求完美。严格的"超我"表现为对诸如"好""坏"等带有评判、判决意义字眼的过度使用。但是"超我"也能够通情达理和灵活而有弹性。①

按照弗洛伊德的陈述，所谓"自我"，是自己意识的存在和觉醒；"本我"，则是原始欲望的自然表现；而"超我"，则是社会行为准则及禁忌。"自我"在"本我"的力量和"超我"的力量之间充当调解者。如果"本我"或"超我"压制了"自我"，变得过于强大，就会出现精神官能症和心理问题。②

至此可知，古老神话至今依然活力四射的原因在于，其具有平衡身心、释放负面情绪的能力，能激发正能量，使身心保持和谐一致，同时也使我们的生活与自然的方式相互协调。因为，不管科技如何发达，医药如何先进，教育如何使人快乐，人类个体都需要在充满坎坷的路途上行走，其身心的平衡与失衡之后的调理，是亘古不变的健康主题。在动画片中，除了神话色彩外，童话色彩也是主流。关于神话与童话之间的关系，美国心理学家布鲁诺·贝特尔海姆（Bruno Bettelheim）在其《童话的魅力》一书中，进行了精辟的

---

① 参见刘梦《弗洛伊德人格理论对青少年心理健康教育的启示》，《教育学论坛》2018年第10期。
② 参见刘梦《弗洛伊德人格理论对青少年心理健康教育的启示》，《教育学论坛》2018年第10期。

分析。"童话和神话之间有相当大的区别。……神话反映按照超我的要求行动的理想的人物,而童话描述的是使本我的欲望得到恰当的满足成为可能的一种自我的整合。这就解释了为什么神话往往悲观,而童话一般都很乐观。"①

与神话、童话一脉相承的动画,应该具备哪些创意思维?或者说,以神话思维来审视动画角色的通灵,应该具有哪些特质?

(一) 通灵,需要神话的内蕴

通灵仅仅是手段,目的是要帮助动画角色和观众,跳出当下自我的牢笼和藩篱,缓解内心的负面情绪,知道自己未来的方向。但是,通灵的起点,不是游戏,而是对死亡的恐惧和抵抗。

凯伦·阿姆斯特朗(Karen Armstrong)在《神话简史》中关于神话的论述,极其鞭辟入里。凯伦·阿姆斯特朗根据考古学家从尼安德特墓葬群中发掘出的武器、工具和用于祭祀的动物骸骨,从五个方面梳理了当时的神话信仰及其特质。

"其一,神话根植于人类对死亡的经验和衰亡恐惧之中。其二,从动物骸骨可以看出,在埋葬的同时举行了献祭活动。宗教与仪式密不可分,神话离开仪式活动将黯然失色,也正是仪式为神话带来了新的生命力,从而也导致它不为俗世凡夫和亵渎神明者所理解。其三,尼安德特神话可以称为'墓边神话',它是在生命濒临极限之际的回光返照。所有最具分量的神话都与濒死状态相关,它迫使我们走出自身的日常经验。在这一时刻,我们会以不同的方式抵达前所未闻之处,开始前所未有的行动。神话是关于未知的神话,是溯源到无以言说处的言说,神话由此抵达那伟大静穆的核心。其四,神话并不是一个自圆其说的故事,而是关涉我们应有的行为举止。在尼安德特墓穴,有些尸身被摆放为一个初生婴儿的姿态,似

---

① [德] 维蕾娜·卡斯特:《成功:解读童话》,晏松译,上海人民出版社 2003 年版,第 1 页。

乎是为了重生——已逝者甚至为自己准备好了死后的下一个步骤。可见，只要能够正确地诠释神话，它就可以给人类带来更为平衡的精神状态和心理状态，无论是在此世还是来生。"① "其五，也是最后一点，所有神话都言及与现存世界并存的另一个维度，这似乎也有据可寻。信仰这一不可见但更为有力的真实——我们把它称为神之世界——这是神话的基本母题。这也被称为'永恒哲学'。在现代科学体系创建之前，这一哲学思想曾贯穿一切社会的神话、仪式和社会组织，而它对传统社会的影响更是延续至今。根据永恒哲学，在现实世界可见可闻的万事万物，都在另一个神圣领域里有着它的映像或摹本，并比它的此世存在更为丰富、强大和持久。在地球上，每种实存都只是原型黯淡无光的影子，一个不完美的摹本。只有分享到另一神圣世界的生活，必死的、脆弱的人类才能实现潜在的可能性。神话赋予现实世界一种直观性，人们能够直接洞察一切。它们的重点既非描述神祇的言行举止，亦非出于无聊的好奇心或者娱乐之用，而是为了让凡间男女得以模仿强大的神祇，体验内在于自身的神性。"②

上述描述，从神话的人类学的视野，探讨了神话与死亡献祭活动、濒死状态等有关，说明神话与现实世界并存。可见，神话是回答生死的故事。作为延续了这个基因的通灵的思维，其"生死"并不是整体的肉体生命的灭绝，而是心理的阶段性的枯萎与萌蘖。

（二）通灵，需要超验和敬畏

人工智能的飞速发展不但极大地拓展了个体的阅读视野、体验空间，也提升了个体心理的阈限值。所以，对于动画片中的通灵设计，我们不能提出标准，而只能指出一个大致的方向。据此，本书

---

① ［英］凯伦·阿姆斯特朗：《神话简史》，胡亚豳译，重庆出版社2005年版，第4—5页。

② ［英］凯伦·阿姆斯特朗：《神话简史》，胡亚豳译，重庆出版社2005年版，第5页。

提出，动画通灵的特质之一，是超验性。

"'超验'也是人类经验的一部分。我们渴求着刹那的心醉神迷，我们感到内心深处被触摸，并在瞬间获得了灵魂飞升的欢欣。此时此刻，我们的生命强度超越了平庸，从每一个层面燃烧出激情，并占据我们的全部人性。宗教体验是获得这种迷狂的一种方式，但如果人们已经不再能从庙宇、犹太会堂、教堂或者清真寺获得这一体验，那么，他们将转向别处寻求，如转向艺术、音乐、诗歌、摇滚或者运动等。如同诗歌和音乐，神话也会为我们注入喜悦之情——哪怕在面对死亡或者因寂灭感而陷入绝望之际。如果神话失去了这一功能，那么，这个神话就已死去，变成一个毫无意义的空壳。"①

动画片就是神话，让我们跳离现实生活的羁绊，从遥远的太空、太阳和月亮等获得了新的视角、体验和生命意象。类似于此，动画片也让观众从远望的开阔视野来思考生死。而且，动画片积聚了音乐、诗歌、美术、电影等多种使人获得超验体验的形式与手段。但是，既然神话是超验的，作为动画的通灵手段，就不能仅仅是简单的、远离现实日常生活经验的场景和技能，更需要知道当下大众内心的迷茫或者动画角色内心的决裂，知道影像背后的文化所指，这样，才能让观众"信以为真"。

动画的魔力不在于其中形象的诡异与新奇，而是其中形象自身的生命力及命运能否让观众感受到精神的经度和维度，去思考生老病死、爱恨情仇等人生问题，借助动画角色的通灵能力，缓解观者内心的压抑与痛楚。否则，眼花缭乱的通灵，就仅仅是游戏或者闹剧。石头是一种坚硬的、稳定的生命样式，树木体现了风霜岁月摧毁之下依然昂扬的生命力，月亮的盈亏体现了复活，而这些都是人类在生命脆弱的状态下，对生命的追问及思考。山石树木或者月亮

---

① [英]凯伦·阿姆斯特朗：《神话简史》，胡亚豳译，重庆出版社2005年版，第8页。

盈亏只是表面的场景，只有引发人类的追问，才具有"超验"的牵引力，至于牵引力的大小和作用方式，还另当别论。"超验"具有一定的神秘性。《小战象》和《狮子王》都是通过冥冥之中的父亲展现"超验"的神秘性。《叽哩咕和女巫》的好笑与逗趣的场景中也有冥冥之中的力量在操纵。而国产动画尽管有通灵的特点，其通灵却是一种透明的，没有"超验"的牵引力，没有神秘力量的酝酿，导致通灵力量与设定的期望值相比衰减很多。

除了"超验"外，还需要让观众具有一点悬而未决的敬畏。恐惧和欢欣，可怕又迷人，这就是敬畏。动画角色也应该具有这样的品性，以及让人无法参透的玄妙在其中。例如，抚展水晶球以占卜的女巫，《大闹天宫》中的玉皇大帝，《铁扇公主》中的牛魔王、铁扇公主等，这些角色为观众在参悟的过程中，设置了悬念，塑造了动画遥远的意味和可能。

原始人的敬畏是真的崇信外力的强大。但是今天，人们的信仰、祭拜都是"自助式"的，自以为"心诚则灵"，或者是烧高香就能"购买神灵的恩宠和眷顾"，而不是从内心真正地超脱和自省。相反原始人相信一种能够掌管生杀死伐的强大的外力的存在，人们只能言听计从、委曲求全、逆来顺受，这是"宿命论"的原型。一个动画角色不仅要模仿神话的叙事，更要挖掘其内在的原始思维，进而调动观众的潜意识和集体意识。

（三）通灵，要有仪式感

仪式，是众多人参与的集体性的活动，但是，仪式不是愚人节似的狂欢，而是在人山人海的壮观中，具有一些遥远的希冀和体验。例如，《狮子王》中，百兽远道而来，朝拜老狮子王幼子的满月，在一眼望不到边的、前来祝贺的野兽群落中，观众不但可以感受到惊奇、喜悦，更能感受到老狮子王受到拥戴的美德。《钟楼怪人》中，愚人节庆祝活动极其热烈，广场上人声鼎沸，但是，怪人卡西莫多从钟楼往外看的时候，他一个人的孤独与广场的人头攒动形成了鲜明的对比,让观众顿时对狂欢活动有了深层的思考。相反,现在的国产动画中,虽然也有一些仪式性的活动或者场景,但是,缺乏了仪式的原初意义。

以牲祭为例。神话中的牲祭是众人通过祭祀与神对话,而且,具有复杂的心理。"最早期的猎人……不得不接受这沉重的一课。在前农业社会,他们还没有学会种植作物,活命的唯一出路就是猎取其他动物的性命——而在他们的心里,这些动物跟人类是亲如一家的。他们主要的猎物是大型哺乳动物,它们的身躯和面部表情都酷似人类。猎人们能够切身感受到它们的恐惧,辨识出它们的哀号。它们被杀得鲜血淋漓,一如人类自身的鲜血。因此,他们创造出各种神话和仪式,以面对这种难以承受的矛盾情结,缓解对谋杀同类的负罪心理。其中,部分神话和仪式在随后的人类文明中得以保存下来。在旧石器时代之后,人们仍然对猎杀、吞食动物感到痛心疾首,人类的这种感受持续了很长一段时间。在古代几乎所有的宗教体系里,其核心都是动物献祭仪式,它不仅保留着古老的狩猎仪式,并且对那些为人类而牺牲自己的野兽献上崇高的敬意。"①

可见,神话记录了原始人的生活状态、心理状态,仪式则不仅复述了原始生活,更延续了一种感情,即便是心理矛盾或者焦虑,这对于当今的人类依然具有借鉴意义。《阿凡达》不仅描述了人类对于那威人的杀戮与劫掠,而且表述了现代人对于丛林生活中原始平衡状态的破坏、践踏和撕裂。这种为了稀缺资源不惜残害生灵的行为,违背了原始社会以来建立的生命依存原则。

仪式不仅娱乐观众,更使观众的心理与思考的脉络放大开来,形成撞击,并引发矛盾。面对未知的危险,动画角色都应该具有勇敢地面对死亡与再生的勇气。通灵,只是角色感知、抉择的表现形

---

① [英]凯伦·阿姆斯特朗:《神话简史》,胡亚豳译,重庆出版社2005年版,第32—33页。

式而已。

（四）通灵，需要给观众一个转换的过程

原始人的壁画一般建在深深的洞穴中，古代的萨满为了招灵驱魔，也要建立一个神奇的远离日常生活的环境。参加活动的人，通过移步进入这个特定的环境，感受神秘的气氛。奥尔塔米拉和拉斯科地下洞穴，让我们对旧石器时代的神奇，有了一个体验过程并产生了神奇的臆想。

"在鹿、野牛和粗犷的野马等具有超自然色彩的壁画中，萨满伪装成某种动物，猎人们手握长矛，这些形象刻画细腻、技巧高超，却位于深深的地下洞穴，十分难以接近。这些地下洞穴也许是最早的神庙和教堂的雏形。关于这些洞穴的用途，曾经有过长期的学术争论；也许壁画描述是当地的本土传说，但我们已经无从知晓。唯一能确定的就是这些壁画铺满了岩壁和洞顶，其中，人类、似神者（萨满）和原型动物在同一场景中的相遇显得意味深长。朝圣者必须匍匐着，穿过阴冷、潮湿而黑暗的地下通道才能到达洞穴，然后继续前行，抵达黑暗的更深处，直到骤然发觉自己正跟壁画上的动物面面相觑。我们在此发现，这些形象和概念所组成的复杂体系跟萨满的超越体验恰好吻合，或许当年萨满们就在地下洞穴举行他们的仪式，在此奏乐、唱歌、跳舞；他们在升天之前要先进入大地的深处（洞穴）；他们可以跟动物（壁画）进行神秘的交流，从而出离于这个凡俗、堕落的世界。"① 这也许是萨满所指的神魂出窍后的"入地升天"的变形，也许是萨满修炼的地方，或者仪式的举办地。不管怎样，只有抛却了现实的束缚、顾忌、禁忌，人才能释放压抑已久的性情，迷狂之后，发现圣灵。

---

① ［英］凯伦·阿姆斯特朗：《神话简史》，胡亚豳译，重庆出版社2005年版，第34—35页。

第八章　佛教的灵异与动画的通灵

地下洞穴中的壁画让现代人惊奇，而更让现代人震惊的是从世俗环境进入异境的过程。在动画片中，也有很多类似的洞穴和通道，如《鬼妈妈》中的卡洛琳是通过一个狭长的通道，才到达了鬼妈妈的世界；《爱丽丝梦游仙境》中，爱丽丝进入了一个树洞后，迅速跌落，经过长时间的飘落之后，才进入了一个新的世界；《千与千寻》中，主人公也是跌入洞中，看到了非日常的生活，经历了恐惧之后的成长，才救出了父母；《龙猫》中，主人公是通过了密密匝匝的树枝交织而成的通道，才发现了大肚朝天、酣然沉睡的龙猫。除了通道之外，还有《白雪公主与七个小矮人》中继母的镜子，也是一个灵异空间转换的媒介，镜子可以让魔幻告诉皇后，"谁是最美丽的女人"。

看来，经过一个洞穴、通道进入另外的灵异世界，不是动画创作者的主观创意，而是具有原始思维的原型和根基的。当然，神话思维的构建，需要探究一下"原型"的原始含义。"原型"，出自希腊文"archetype"，意为"原始的或者原初的形式"。与神话研究中的"母题"同义。这个词汇的可塑性极强，被文化理论家多次予以不同的解释。荣格（Jung）认为"东方人察看由很多事实组成的集合体时，他们是将其作为一个整体来接受的，而西方人的思维却将其分解为很多实体与微小的部分"①。他提出"原型"的本义与中国老庄哲学中强调"共时性"的"道"更接近，即整体状态中包含一切。另一方面，"'原型'具有恒久历时性。恒久历时性指'原型'能与各个不同历史时期的具体环境、具体条件和具体事物结合在一起，形成种种不同的具体表现形态，即形成它的置换变体"②。

"原型"的概念，对于动画创作而言，具有深远且强烈的震撼力。因为，我们不能简单地把神话当故事理解，或者，在没有动画

---

① ［瑞士］荣格：《分析心理学的理论与实践》，成穷、王作虹译，生活·读书·新知三联书店1991年版，第72—73页。
② 杨丽娟：《世界神话与原始文化》，上海社会科学院出版社2004年版，第22页。

题材的时候,"抱佛脚"式地取来相关神话文学阅读,自以为,改编这些题材的故事就是"民族化"了,或者,传播传统文化了,其实,这样的认知,还只是一个"买椟还珠"式的假象,更与"得意忘言"的探究态度背道而驰。"'神话'一词从其最深刻的意义来说,与一般的神话概念和神话故事有很大的区别。耶稣、阿提斯、狄俄尼索斯及水罐少年的故事作为记叙文学,具有值得珍视的价值,而且仅凭其奇闻轶事就可得以流传。但是,这些故事的终极意义在于其心理学的意义,而非其具体的形象。这些故事只有当它们作为隐喻起作用时才是神话,即它们表达了某些只可意会却难以言传的东西。"[1]

再者,神话学有助于我们了解世界各国民间传说之间具有的相似性。而且,传播论者认为,"人类最初的神话是在某些文化发达的神话发源地创造出来,然后传播到世界各地的。他们提出以下一些根据,有关吉加美士神话的一个浮雕,在南美古代遗址中出土了,在古埃及的建造物中发现了巴比伦的石碑,在托耳特克人和阿兹特克人建造的城市里发现了日本的花瓶,红薯在日本叫作'库马',在玻利尼西亚叫作'库马拉'等。这些不胜枚举的证据都十分有力地暗示神话像人工制品和字母一样,通过移民、贸易和征战而得到传播"[2]。

神话故事经历千山万水得以在全球流通,很多神话故事,尽管具体内容不同,但是故事的"骨干"是一致的。著名民间文艺学家、美籍华人学者丁乃通教授在《中西叙事文学比较研究》一书中,曾讲到《白蛇传》源远流长。《白蛇传》《黄粱梦》和《云中落绣鞋》在中国家喻户晓。但是,并非原出于中国。例如《白蛇传》的传播轨迹极其令人惊诧。"我们的拉弥亚故事显然来

---

[1] [美]戴维·利明、[美]埃德温·贝尔德:《神话学》,李培茱、何其敏、金泽译,上海人民出版社1990年版,第69页。
[2] [美]戴维·利明、[美]埃德温·贝尔德:《神话学》,李培茱、何其敏、金泽译,上海人民出版社1990年版,第98页。

第八章 佛教的灵异与动画的通灵

源于古代神话和迷信。首先是由于人们对女神又敬又怕的心理,创造了女妖,同时也创造了得道者来驱除妖魔。在这样的传说中,有一个女妖是美女蛇,她的阴谋未成即被识破。这个故事便是《国王与拉弥亚》,现在仍流传在中亚、西亚和南亚。从这故事的一个古老的说法中,出现了一个说教性的故事,赞扬节欲和宗教忠诚。可能在公元后不久,这个说教故事成为《阿波罗乌斯传》中的一个故事,然后通过这本书传到伯顿和济慈。它可能在12世纪进入西欧,在以后几个世纪里引起了一些其他的民间故事的产生。不过,它在五六百年后第一次流入中国之前并没有真正生枝开花。在中国,早在18世纪,它就从一个区域性的故事变为一个全国皆知的传说了。"①

这说明,神话的比较文学的视野,让我们感受到了神话的"原型"有其共通性。例如,在法国动画片《叽哩咕和女巫》中,一个小孩名叫叽哩咕,生下来就会跑,还跟女巫卡拉芭斗争,直到最后,把女巫身上的毒刺拔掉,女巫不再是恶魔。叽哩咕突然长大成人,娶女巫为妻,并与女巫一同结伴还乡。我们关注的是这个故事中的叽哩咕,生下来就会走,是童子之身,却有超常的智慧和力量,这在世界各国的神话中,也是存在的,如中国的动画形象哪吒。

一个北美印第安人讲述的传说也与此类似。一个女孩长大后不愿结婚,只愿意在家照顾父母。一天,她在用脚搅拌制作水罐的泥沙时,觉得有东西进入身体,不久生下来一个水罐。水罐学会了走路和说话,可以用来从蛇居住的泉水中汲水,并要求寻找父亲。"从更深的层次来看,这个故事与那些著名的神话非常相似。首先是超自然的怀孕,这使我们想起阿提斯、耶稣及其他神话中的英雄。其次,水罐打碎意味着开始成年。这与俄底修斯杀死第一只野

---

① [美]丁乃通:《中西叙事文学比较研究》,陈建宪、黄永林、李扬、余惠先译,华中师范大学出版社2005年版,第42页。

◆ 动画响菩提 ◆

猪，或亚瑟从岩石里拔出刀是相同的主题。水罐仅成长20天就进入青春期，使我们想起了赫拉克勒斯在摇篮里完成的功绩，以及佛的早慧。最后，进入泉水及从泉水中成功地返回，表明水罐和俄底修斯、耶稣、狄俄尼索斯及其他出入地府的英雄们极为相像。这个水罐的故事不仅是印第安人的传说，它还是代表人们心灵中某种共同因素的英雄概念的另一种表述。"①

类似的形象，还有中国的哪吒、日本的辉夜姬和一休和尚。可见，这些相同的形象，都是说明了"原型"的存在及其共通性。如果，中国的动画创作者知道这些，再进行创作，就会以世界性的视野进行改编和创作，而不是简单地进行一部文学作品的动画转化。

最后，我们应该明确，法力、魔力，不会凭空添加，其核心聚焦于人物的心灵和气魄。言外之意，通灵，一定要服务于人物的"自我挖潜"。"首先应探索的是世俗英雄，因为集中探讨他们有助于发现柯尔律治曾经称作'我是无限'的东西。"② 任何一个动画角色，或者生命体，都是要自我拓展，担当大任，攻坚克敌的。如果感到力量欠缺，就需要修炼。可见，魔力、神力不是魔法的炫技，而是角色内在心性的光辉，人的无限的力量，也是一个充满灵光的想象的空间。

通灵不仅是神话的思维方式，也是童话的思维方式。"神话和童话故事都回答永恒的问题：世界是什么样的？我将怎样在这个世界中生活？我怎样才能成为我自己？神话的回答是明确的，而童话的回答是暗示性的，童话故事传递的信息可能暗示着解决方法，但从来不把它们清楚地表述出来。对于儿童是否应当，以及如何将童话故事所揭示的关于人生和人性信息运用到自己的生活中，童话故

---

① ［美］戴维·利明、［美］埃德温·贝尔德：《神话学》，李培茱、何其敏、金泽译，上海人民出版社1990年版，第103页。
② ［美］戴维·利明、［美］埃德温·贝尔德：《神话学》，李培茱、何其敏、金泽译，上海人民出版社1990年版，第103页。

事总是留待他们自己去想象。"①

儿童像伟大的哲学家一样探寻着永恒的基本问题的答案,如"我"是谁?"我"应当怎样应对生活中的问题?"我"必须成为什么人?但他在寻求解答时,是以泛灵论作为思维基础的。由于儿童不能确定他的存在是由什么组成的,首要的问题是"我"是谁?②"儿童一旦开始走动并且产生了好奇心,就开始了对他的自我身份问题的思考。当他窥见自己在镜子中的影像时,他不知道他所看见的是真的他,还是另一个很像他的孩子站在这道玻璃墙的后面。他要通过探究来弄明白另一个孩子是不是各方面都真的像他。他扮鬼脸,做怪相,这边转动一下,那边转动一下,从镜子跟前走开,又跑回镜子前,想弄清另一个孩子是走开了呢,还是仍然待在那里。虽然年仅三岁,这个幼儿已经遭遇了个人身份的困惑和难题。"③

相形之下,国产动画说了很多的故事,但是,没有说出真正的道理和深刻的个人感悟,更缺乏童话的内在稚拙,以及有关人类心理的共通性主题,这样的动画只能是游戏,而不是具有观众可以多维解读的含有道义的文本。相反,"功夫熊猫"系列的冒险不是自愿的,是被逼无奈的,但是,一旦走上征程,就不会退却,而且逐渐成熟。英雄在探索中的苦闷反映了人类在情感与精神成长过程中的苦闷。

---

① [美]布鲁诺·贝特尔海姆:《童话的魅力——童话的心理意义与价值》,舒伟、丁素萍、樊高月译,社会科学文献出版社2015年版,第65页。

② 参见[美]布鲁诺·贝特尔海姆《童话的魅力——童话的心理意义与价值》,舒伟、丁素萍、樊高月译,社会科学文献出版社2015年版。

③ [美]布鲁诺·贝特尔海姆:《童话的魅力——童话的心理意义与价值》,舒伟、丁素萍、樊高月译,社会科学文献出版社2015年版,第68页。

第九章　佛教公案与动画台词

　　台词是在影视、戏剧中角色表达的话语，一般包括对白、独白和旁白三个类型。角色通过台词才能对自己的身份、地位、性格、特点、事件等进行有效的表达，如果没有台词，就不能有效地刻画角色间的冲突，也不会有剧情的产生、发展、高潮和结局。

　　对白指剧本中角色间相互的对话，用来展开情节、叙述故事和塑造角色形象。独白，可以把人物的内心感情及思想直接倾诉给观众，是角色在空间中独自说出的台词，用于人物内心活动最复杂剧烈的场面。旁白，是对剧情发展和剧本主题的交代，是角色在舞台上背着剧中人物直接说给观众听的，或者是由旁观者予以解说。《好兵帅克》等木偶片，因为木偶雕刻的繁杂，基本上都没有对白，而是由一个人独自完成对白与旁白的。

　　台词一定要通俗易懂，切合角色的身份与性格，让观众清楚明了地理解人物的行为、人物关系及即将到来的困境。不同的角色，根据其性格不同，以及所处的情境的轻重缓急，可以有不同语言风格的台词。有的台词充满了韵律和节奏，有的台词要以诗化的语言去渲染特殊的气氛来勾勒人的灵魂。《蜡笔小新》如果没有搞笑的剧情和搞怪的台词作支撑，是不会有那么多观众喜爱的。与此类似，有些日本电视动画片，尽管画面极其粗糙，但是由于台词对动画角色内心世界的细致描摹，拓展了情境，也讲述了壮怀激烈或者凄婉哀怨的故事。总而言之，台词的作用在于两

第九章 佛教公案与动画台词

个方面。

其一，推动剧情的发展。演员通过台词的几种形式，向观众传递大量的剧情信息。而且，关键之处在于，好的台词，不仅是平白叙事，还需要有"意味"的潜台词，演员没有直接说出，但是观众能感悟到它。潜台词具有丰富的言外之意，具有准确表达人物说话的真正目的和潜在的心理动机，角色之间形成了表面内容与内在真实的错位与较量，观众也能体味语义的错位，并建立自己对角色关系及矛盾走势的认知，与导演设计的剧情之间，建立了若即若离的关系，形成了"猜谜"的效果。

其二，揭示人物的性格特征。根据角色的出身、年龄、教养、经历、职业和所处的环境来把握人物的语言，根据剧情形势的峰回路转设置角色的台词，能够表现角色的性格发展与人生见地，更能体现其精神境界。台词的性格化还注重把握戏剧情景的变化，把握错综复杂的人际关系。

例如，动画片《钟楼怪人》的开始，清晨，高耸入云的巴黎圣母院的钟声响起。一个手套玩偶表演者，给巴黎的孩子们说：圣母院的钟声不会自动响起，怎么上去？以此，开始讲述了吉卜赛人和一个小孩子偷渡，遇到了大法官克劳德·福雷诺带兵来捉拿。大法官骑马追一个抱着孩子的母亲的时候，从母亲怀中，抢夺襁褓，母亲倒在圣母院的台阶上而亡。大法官一看是个丑陋的婴儿，就想扔进圣母院大门旁边的水井中，不料，被副主教呵止。

  大法官：这个孩子是个恶魔，我要把他送回地狱，送回属于他的地方。
  副主教：看吧，在圣母院的台阶上，洒满了无辜者的血。
  大法官：我没罪。她要逃走，我只是追她。
  副主教：你还要让孩子的血，洒在圣母院门前吗？
  大法官：我没罪。
  副主教：你可以欺骗你自己和你的那帮手下。你没有良心，你才心安理得。

你永远也不会逃过他们的眼睛。这里，每一尊雕像的眼睛。

感到恐惧的大法官：让我做什么？

副主教：你要照顾他，抚养他长大。

大法官：什么？我看到这怪胎就感到恶心。

随后，大法官：好吧，就让他待在你的教堂里。在钟楼里，就可以随时受到主的保佑。也许有一天，对我有用。

大法官的诡辩、跋扈、狡诈、血腥极其鲜明。声音是台词的手段和形式，是生动感人的内容寄托，"情"是台词的内容和生命，只有饱含情感的台词才有了"情"，声情并茂的台词，不仅让角色跃然纸上，泠然生动，更塑造了一个鲜活的、与众不同的角色。具有诗性的台词，可以唤醒观众生动的记忆，激活观众的深度思考，体会到生命的神圣和复杂，使观众在情感语言的体验中获得巨大的精神满足。短促、谐趣的台词，能让观众感到轻松与愉快，引发莞尔一笑。

角色在表演过程中，大量的矛盾和冲突都需要通过台词的有效表达来实现，通过语言，我们可以去辩护、训斥、解说、表白、说服、劝慰、阻止、挑逗、打动、教训、开导、命令、请求、诱惑、煽动、刺激、辩解等，台词有它特定的任务、目的和规定情景，演员必须深刻体会台词的任务、目的和规定情景。

其实，动画中的台词，与电影中的台词具有相通之处。本书格外关注了具有对话风格的佛教公案。尽管佛教公案为高僧接引学徒开悟所用，是思想的碰撞，甚至是当头棒喝，一般看来，不具有寻常的叙事功能。但是，学徒根基各不同，有的心性灵动，有的学识浅疏，有的心性愚顽，高僧的接引还要见机行事，所以，佛教公案的情境性和对话的妙动，还是别有韵致与深意的。

◈ 第九章　佛教公案与动画台词 ◈

一　公案的语言特征

禅宗是佛教的一个分支。梁武帝时，达摩西来，为东土初祖，经慧可（二祖）、僧璨（三祖）、道信（四祖）、弘忍（五祖）传法至六祖慧能。慧能之后，禅风大兴，历久不衰，演变为五宗七家（沩仰宗、临济宗、曹洞宗、云门宗、法眼宗、黄龙派、杨歧派），所以有些学者认为禅宗实为慧能所开创。南宋时期，禅宗东渐日本，至21世纪逐渐风靡欧美，成为影响最大、传播最广的佛学体系。①

"公案"，原意指官府用以判断是非的案牍，即指"文书"。官府之文书成例及讼狱论定者谓之公案。由此转而为佛教禅宗用语，即指佛教禅宗祖师、大德在接引参禅学徒时所做的禅宗式的问答，或某些具有特殊启迪作用的动作。此类接引禅徒的对话，往往可资后人作为判定迷误之准绳，犹如古代官府之文书成例，故亦谓之"公案"。

自古以来，有若干种集录此种公案而成之作品，如《碧岩录》《从容录》，即各收录百则禅门公案。《无门关》也收录48则。诸书所收公案，加上《景德传灯录》等灯录所载，总计约有1700则。

"禅门公案"，是指古代禅师们发生酬对、促使学徒开悟过程的个别案例，多半看来，有些不合一般情理，甚至是歧义。太虚大师在其《中国佛学特质在禅》中指出，公案之拈唱，乃五宗分灯后继起者提倡宗乘之一种法门。有所谓拈古、颂古、出古等风尚。不过颂古，必先拈古，拈古之后，方有颂古。拈古最早的，当推云门禅师，他最初拈出："'释迦初降生，一手指天，一手指地，周行七

---

① 参见［美］弗洛姆、［日］铃木大拙、［美］马蒂诺《禅宗与精神分析》，王雷泉、冯川译，贵州人民出版社1998年版。

步,目顾四方云:天上天下,唯吾独尊',接着说:'老僧当时若见,一棒打煞与狗子吃,贵图天下太平。'此即先拈出一段古事,言外参异,不但一棒打死,而且还要与狗子吃,其语句是何等刻毒!无怪乎能震动当时参学者的人心不安。后琅琊觉乃著语云:'云门可谓将此深心奉尘刹,是则名为报佛恩。'"①

其实,这涉及了一个公案思维的术语。什么是"公案思维"?"公案大抵是禅师为了启发徒弟,而采用非直接的答话,采用非平常的行为方式,因为徒弟通常会陷入平常的理性思维,或陷入二元分法,钻牛角尖而不自知。公案思维基本上是颠覆性的,颠覆平常的思维方式,因此它常是突然的、断裂的、跳跃式的、不合事实的、不合逻辑的、不合常理的、答非所问的,或藕断丝连的、密码式的,而且不能,也不应该用逻辑语言来解释的。"②公案对一个对禅体认不足或不了解禅修特质的人而言,就是疯子间的对白而已。

"导师有机会对学生作密切而个人的省察,把他从不成熟中唤醒,打消他错误的观念,并去除掉他的偏见,正如铸工把熔炉内的铅和汞从金子中分离,也如玉石切割者,在打磨玉石的时候,把每一可能的瑕疵都除去一样。"③师父的另外的职责,正如任何一个严格的考官一样,在所需要的长年累月的修炼中,保持学生精力充沛、坚定不移。

参禅,即使到了无我的程度,还不是真正的开悟,还不是悟(satori)的体验,"对禅来说,这是不够的,还必须有某种觉醒,并由这种觉醒去打破平衡,把人重新带回意识的相对层面,这时候才有所谓的'悟'发生。但这里所说的相对性层面并不真正是相对的,它乃是意识层面与无意识层面之间的边缘地带。

---

① 太虚大师:《中国佛学特质在禅》,东方出版社2016年版,第86页。
② 钟玲:《中国禅与美国文学》,首都师范大学出版社2009年版,第246—247页。
③ [美]休斯顿·史密斯:《人的宗教》,刘安云译,海南出版社2001年版,第147页。

第九章 佛教公案与动画台词

一旦触及这一层面，人的寻常意识中即充满来自无意识的信息。正是在这一瞬间，有限的心灵意识到自己植根于无限之中。用基督教的话来说，此时灵魂直接听到或从内心深处听到上帝的声音"①。

参禅，要去除知性、理性的偏执，因为，理性属于自我的层面，理性具有自圆其说的力量，参禅的最后答案"深藏在我们生命的岩床下面，要把它劈开需要意志的最根本的震撼。当我们感觉到这种意志的震撼时，知觉的门就打开了，那些迄今从未梦见过的新景观便呈现出来。知性提出计划，执行计划的却并不是提议者本人。不管我们对知性的看法如何，它毕竟是肤浅的，是某种漂浮在意识表面的东西。我们必须穿透这一表面才能直达无意识，但只要这个无意识仍然从属于心理学领域，也就不存在任何禅宗意义上的悟。我们必须超越心理学，直达那或许可以称之为'本体无意识'的层面"②。

公案发生在当时的情境中，是很多的时刻以微积分的方式来拆解与锚定的，即不只是我们日常生活的情节或者细节，甚至是更微小的犹如雨丝风片的细节，师父瞬间捕捉，作为问题的契机。同样，师父对于徒弟心理的捕捉，也是瞬间的。但是，物理的瞬间，无法描绘师徒之间思维的风驰电掣。在此，我们还是借用现在互联网上合成智能的瞬间信息激荡图景作为辅助性理解。"当你加载含有广告的页面时，弹指间，一场蔚为壮观的战斗就打响了，各式各样的合成智能开始相互厮杀，从你点击链接到网页真正出现在屏幕上的约一秒钟内，上百个事物进程在互联网中激烈地搜寻你最近的行为细节，估算你会被其中一家广告商影响的可能性，并参与了一场在瞬息之间完成的电子拍卖，拍品就是让某件商品给你留下印象

---

① ［美］弗洛姆、［日］铃木大拙、［美］马蒂诺：《禅宗与精神分析》，王雷泉、冯川译，贵州人民出版社1998年版，第56页。
② ［美］弗洛姆、［日］铃木大拙、［美］马蒂诺：《禅宗与精神分析》，王雷泉、冯川译，贵州人民出版社1998年版，第59页。

的权利。"① 可见，参禅公案，是师徒在接引的时候，心智与情境的风云际会与激流回荡，这要基于师徒之间经常交流、师父知道弟子已经具有哪些修持和根基。师父认为机缘成熟，就会果断抛出话头引疑情，徒弟们疑情一起，反观自心，看到念头升起，师父接引成功。

可见，我们一般读者现在看到的公案，都是一个空壳，都是似是而非，没有必要以钻牛犄角尖的劲头，探问究竟。尽管如此，作为动画创作者，我们可以从公案中汲取一些可以转化为动画台词的元素。禅宗公案，为什么能够有助于提升动画台词的拿捏与撰写呢？

（一）应机与情境性

动画的台词，一定要针对具体的情境、具体的人。无论是辩论、争论还是交流，一定要切中对方的心理、行为与当时的共处的情境，这样的台词，才类似响鼓的鼓槌，无论激发了对方的心绪飞扬、恼羞成怒还是贻笑大方，都是对方超人智慧与心性的反射，会在角色与观众的心理之间，撞击出一个类似物理的"场效应"

（二）让对方起"疑心"

如果说，参禅公案通过让被接引的人产生"疑心"，在不经意的瞬间，打断对方日常理性的惯性，那么在动画片中，这种方式则有助于打破对方的自我蒙蔽、没有看到危机的鸵鸟思维和因为失恋而不愿正视现实的委顿等，能引发当事人的注意、动情和反应。这种精准和奇效性，还是值得后人仿效的。

（三）深意与妙悟

"别有深意"，就是一句台词中"话里有话"，根据人物之间的

---

① ［美］杰瑞·卡普兰：《人工智能时代》，李盼译，浙江人民出版社2016年版，第63页。

关系，另有玄机、一语双关、绵里藏针、敲山震虎等，总之是表层的意思与深层的意思之间的相关或者暗指。佛教禅宗的公案，与潜台词一样，都别有深意。"深意"，也许犹如一缕蚕丝，由万千游丝构成，而对话的双方究竟根据哪根"游丝"做出反应，成为行为动机，以及观众熟悉、理解万千游丝中的哪一根？所以，这种深意，不仅在于主题的宏大，更在于主题的深不可测、深不见底。以参话头为例，"临济下的高峰妙、中峰本等，已从参话头得悟，亦专教人参话头。如中峰参高峰时，高峰问：'汝日间作得主么？'答：'作得主。'又问：'梦中作得主么？'答：'作得主。'又问：'睡到无梦无想时，主在何处？'中峰不能答，乃力参数年，始得开悟"①。很多参话头的高僧都是大疑深疑而获得大悟深悟。作为动画的观众，不可能如此苦参多年，但是，精妙的台词，毕竟可以让人觉得清玄与妙悟，同时，这不仅拓宽了角色的心性，还拓展了情节发展的维度和多重走向。

（四）幽默

幽默，不是隔靴搔痒，或者耍贫嘴，而是乐观积极的处世方式与豁达的人生态度的自然流露，是去除了轻浮、庸俗后的人生智慧。在动画片的对白中，经常出现比喻、双关、夸张、借代、委婉、反语等修辞，并借助上下文语境来引人发笑的同时，引发观众的思考和认知。禅宗公案中，不乏类似的案例。

（五）反差与距离

公案中确实有一些上下文离题万里的应答，乍一看是文不对题。但是，从剧作的角度看，这种距离，犹如武术的闪展腾挪，不是败阵逃走，而是在对方发起攻击的时候，避开锋芒，寻找机会；不是像拳击一样的硬碰硬的迎击，而是，避实就虚，发现对方的软

---

① 太虚大师：《中国佛学特质在禅》，东方出版社2016年版，第89—90页。

◆ 动画响菩提 ◆

肋，即使是轻轻一击，也犹如雷霆万钧。可见，闪展腾挪，犹如动画台词对话之间的"距离"。

二 灵犀与幽默

禅师与居士之间的对话，经常采用妙悟的智慧对谈。佛印禅师驻锡江苏镇江金山禅寺时，苏东坡居士也住在扬州。当时的苏东坡尚未信佛，但他非常仰慕佛印禅师，于是，经常乘船过江到金山禅寺拜访佛印禅师。一天，苏东坡到金山禅寺，走进天王殿，看见正中端坐的弥勒菩萨总是看着他微笑，苏东坡心生无限的欢喜，顿时诗兴大发，随口吟道："稽首天中天，毫光照大千。八风吹不动，端坐紫金莲。"苏东坡认为他这首诗很好，于是他回家写好后，派书童送给佛印禅师看。

佛印禅师看后提笔在上面写了"放屁"两个字，让书童带回交给苏东坡。苏东坡看到佛印禅师批的"放屁"两个字，很不高兴，马上乘船过江，找佛印禅师辩论。佛印禅师看到苏东坡气冲冲的样子，微笑着说："你不是八风吹不动吗？怎么一屁就被打过江来呢？"

一方面，幽默可以让人放松。"尽管幽默能逗人笑，但并不是所有能逗人笑的都是幽默的结果。笑可能是用来威胁别人的，实际上，人种学家早就委婉地指出，笑起源于侵略者作恶时的露牙。另一方面，幽默和与之相对应的笑也可能让人产生如释重负之感。我们都知道，一句幽默的话能够一下子就化解一个紧张的局面。说得更加宽泛些，在狂欢节和能够与之媲美的其他节日里，尽管我们往往用比较低度的，而不是高度的幽默，但幽默确实能够在瞬息之间化解僵硬的社会规范——要知道，在平常我们都不得不遵循这些规范。"[1]

---

[1] ［荷兰］简·布雷默、［荷兰］赫尔曼·茹登伯格编：《搞笑——幽默文化史》，北塔译，社会科学文献出版社2001年版，第5页。

另一方面关于笑话，还是有不同的心理机制和水准的。罗马人在论述幽默时，使用了各种不同的术语，没有一个统一的说法，但我们还是可以做出一些分辨。比如，"诙谐""机智"通常与"严肃""敬重"（gravitas）相比照；而"取笑"（iocus）就显得不那么优雅，它的意思是"玩笑""逗弄"。西塞罗还区分了"内容的机智"和"形式的机智"，前者指讲述逸闻趣事或娱乐故事，后者指如何说出幽默的评论和双关语。好的幽默知道自身的界限，能够不惜一切代价避免模仿笑剧中小丑做作的表演。正如伏里兹·格拉夫（Fritz Graff）所指出的，"西塞罗是为上流社会的读者谈论幽默，他不得不一方面娱乐他们；另一方面保持高贵的姿态"[1]。所以，幽默不能伤害别人的自尊。禅宗公案《点心》，即是圆融妙悟，又有乡俗俚趣。

动画形象是线条和色块的组合，与真人比较，其心理刻画必然是粗线条的，不可能像演员一样，具有细腻的眼神及面部肌肉的细微动态，以表示深刻或者深藏不露的内心。除了动作，动画角色的语言弥补了上述的不足。再者，动画的对白，因为幽默性，可以更好地塑造角色性格，更快地推进剧情，形成角色关系的阴晴圆缺，多维度地推动剧情的发展。例如《狮子王》中，丁满和彭彭，分别是毛茸茸的猫鼬和憨态可掬的非洲疣猪，其中，丁满和彭彭有句对白是："你怎么那样跑啊？那样能算是跑吗？""我是在给你时间追上来。哦！你这个大笨蛋！"前两句是质问的短句，是重复中的质问，节奏紧张明快。后面是长句，语气宽厚而舒缓。接着，又是一个戏谑性的称谓，不同的风格、不同的语气，形成了不同的节奏。犹如鼓点的敲击，让人忍俊不禁。虽然，都是埋怨中有些微的讥讽，但是，尊重与友爱的色彩极其浓厚。

当然，一般的动画片中，都有一个特别聒噪、饶舌的角色。因

---

[1] ［荷兰］简·布雷默、［荷兰］赫尔曼·茹登伯格编：《搞笑——幽默文化史》，北塔译，社会科学文献出版社2001年版，第8页。

◆ 动画响菩提 ◆

为西方有"打诨者"的喜剧传统。公元前6世纪末，当希腊政治开始不再由贵族垄断的时候，聚会性的会饮渐渐地失去了它的中心地位，越来越变成私人化。这时，贵族们开始表现出有闲阶级的典型特征，着重炫耀他们的富有和享乐。尽管如此，直到公元前5世纪中叶，雅典的贵族们才有财力邀请各色人等到自己的宅子里会饮。宾客们很快就形成了一个特殊类型的群体，叫作"马屁精"（"kolax"）。他们为了报答主人的酒肉，赤裸裸地拍他的马屁，称他为"饲养员"（"ho trephon"）。优波里斯（Yoo Pohris）是与阿里斯托芬（Aristophanes）同时代的剧作家，他于公元前421年写了喜剧《马屁精》。① 这个喜剧色彩的小角色，总是以或者献媚，或者抱怨的饶舌与主人的庄重形成了对比，颇似《花木兰》里的木须龙、《怪物史莱克》里的毛驴唐基、《冰河世纪》里的树獭辛德及女猛犸象艾丽身边的那对活宝艾迪和哗啦，他们围绕在主角身边，喋喋不休，插科打诨逗人发笑。另外，《爱丽丝梦游仙境》《小飞侠》《阿拉丁2：贾方复仇记》《冰雪奇缘》《汽车总动员》等动画中，也有类似的角色，他们或者自嘲，或者替代主人说出内心中无法直接说出的想法等，当然，饶舌也能够流露出很多的主角"欲盖弥彰"的信息。

三　对境与意味

中国的古典文学一般都是触景生情的感怀，让人读后，非常感同身受。例如杜甫的《旅夜书怀》：

细草微风岸，危樯独夜舟。星垂平野阔，月涌大江流。
名岂文章著，官因老病休。飘飘何所似，天地一沙鸥。

---

① ［荷兰］简·布雷默、［荷兰］赫尔曼·茹登伯格编：《搞笑——幽默文化史》，北塔译，社会科学文献出版社2001年版，第7页。

第九章 佛教公案与动画台词

诗的前半部分描写"旅夜"的情景。诗的后半部分是"抒怀"。杜甫此时确实是既老且病,但他的休官,却主要不是因为老和病,而是由于被排挤。这里表现出诗人心中的不平,同时揭示出政治上失意是他漂泊、孤寂的根本原因。诗人即景自况以抒悲怀。水天空阔,沙鸥飘零;人似沙鸥,转徙江湖。这一联借景抒情,一字一泪,感人至深。如果有悲哀身世和伤感的后人,面对此情,吟诗抒怀,更能体会杜甫诗意的悲叹与奇崛。

其实,吟诗作赋,需要对境,而禅宗的公案,也讲究对境,更讲究契机。例如公案《荣枯一如》:

> 药山禅师有一天在院子里看到一棵树很茂盛,而旁边的另一棵树却枯死了,就问他的两名弟子云岩和道吾:"这两棵树是荣的好,还是枯的好?"
> 道吾说:"荣的好。"
> 云岩说:"枯的好。"
> 这时,药山禅师的侍者经过,药山禅师又以同样的问题问他:"枯的好,荣的好?"侍者回答道:"枯者由其枯,荣者任其荣。"

也许世间万物,荣枯自有其道理。生死亦然。生有何其幸,死亦何其哀。生死本就是清醒和睡梦之别,又何必有快乐和哀伤。人活一世,如草木一秋,生存有生存的价值,消亡有消亡的理由,无需挂怀。喜欢文字的人,在文字里品味,把看似平淡的人生,反复咀嚼后,用文字宣泄出来,把别人过了一世的人生,自己又重过一回。能够带来拯救生命的终极力量,不在文字里,而在透过文字,迸溅出的那道光——毋庸置疑,即心灵之光。所以,很多人不需要文字,依旧能把生活过得那样激越。

"闲行闲坐任荣枯",是禅意,也是洒脱的人生态度。这是顺应自然,各有因缘。所以有诗曰:

◆ 动画响菩提 ◆

> 云岩寂寂无窠臼，灿烂宗风是道吾；
> 深信高禅知此意，闲行闲坐任荣枯。

本书选择上述的公案，则是侧重了禅师对佛门弟子的引领，不是皓首穷经的枯燥，而是面对着现实的两棵分别荣、枯的树，荣、枯是近在眼前的形象和语境，容易让人感同身受。而且，公案语言的琢磨不定，本身就是一个无限的多元空间，让读者费思量。这种对境的对话方式，非常契合动画中别有深意的台词，只有针对当下的情境活的灵境，才能引发无限的遐想。例如《狮子王》中，有个段落是夜晚，父子俩畅谈。小辛巴仰望着繁星点点的星空。

> 木法沙对小辛巴说："你看那些星星，过去那些伟大的君王从那些星星上看着我们呢。"
> 小辛巴："真的？"
> 木法沙："是呀。所以每当你寂寞的时候，要记得那些君王永远在那里指引着你，还有我也是。"

澄澈的夜晚，郊野之外，天空中星光闪烁。滤去了白日各种事物的色彩和声响的夜色本身就很深沉，隐藏着无限的、遥远的先世的信息。此时，父子俩的对话，更是在自然风景中，杂糅了对于祖先神灵的祭拜和敬重。相反，国产动画片《宝莲灯》中的一段对白，就显得浅显而无深意。影片开头的一段话：

> 沉香："妈妈，什么叫幸福？"
> 三圣母："幸福就是，唉，妈妈和沉香在一起啊！"
> 沉香："哦，我懂了，和妈妈在一起，我最高兴，和妈妈在一起，就是幸福。"

这段话好像是小孩子在日常生活中的稚嫩话语。但是，这段话，没有深意。难道只是暗示着妈妈即将离开的情节？语气节奏没有错位，没有对撞，平铺直叙。其实，小孩子的语言是很丰富的。所以，《宝莲灯》的台词与《狮子王》的台词风格相比，同样的场景、同样的情节，语言的风格不同，其意境深浅也不同。

四　清新与励志

禅宗公案，释放心性，让心性湛然。而且是经历了一代代人的打磨和修订。其励志的功能还是值得肯定的。有个禅宗公案《不可向你说》有云：

有一学僧想到覆船禅师住的地方去，在路上碰到一个卖盐的老翁，于是就向前问道："请问老翁覆船路如何去？"
良久，都等不到老翁的回答，于是学僧又问一次。
老翁："我已经向你说过了，你聋吗？"
学僧："你回答过我什么？"
老翁："向你说覆船路。"
学僧："难道说你也学禅吗？"
老翁："不只是禅，连佛法也全会。"
学僧："那你试说看看？"
老翁一句话也不说，挑起盐篮便要走。
学僧不解，只道了一声："难！"
老翁："你为什么这样说？"
学僧："盐翁！"
老翁："有何指示？"
学僧："你叫作什么？"
老翁："不可向你说这是盐。"
学僧："要去覆船禅师处参学，路要怎么走？"

◈ 动画响菩提 ◈

  老翁："既曰覆船，何有道路？道，有难行道、易行道，有大乘道、小乘道，有出世道、世间道，一般学者，总要循道前行，但禅门学者，丈夫自有冲天志，不向如来行处行。虽是覆船，又何无路？"

  上述公案对于前辈学者的态度真是石破天惊，即不要迷恋，要自己有所觉悟，要有改天换地的豪气。尽管该公案中，双方的态度都有偏激之处，但是，其励志的成分还是让后学者具有敢于冲破各种束缚的豪气。为什么小孩喜欢动画片，因为动画片在给人以欢乐的同时，还能给人以力量。尤其是动画角色的一些诗意而又赋哲理的台词。

  在《小鹿斑比》中，斑比的妈妈说："森林中的一切都有自己的季节，有衰老，就有新生。不会有什么永恒不变，但新的生命却永远同样美丽精彩。"

  在《小飞象》中，老鼠托马斯说："那些你前进路上的绊脚石，最终会成为通往前方的阶梯。"

  在《钟楼怪人》中，加西说："听我这个旁观者说一句。人生不是旁观者的舞台。如果你只想观看而什么也不做，那你就只能眼睁睁地看着自己的人生逝去，而自己却不在其中。"

  在《狮子王》中，狒狒拉飞奇说："这是生命的轮回，正是其中的绝望和希望、忠诚和爱情，打动着我们每一个人。是啊，过去可能带来伤害，不过在我看来，与其逃避，不如从中学点什么。"

  在《罗宾汉》中，罗宾汉说："抬起头来吧，幸福、快乐，终有一天会重临。"

  上述的经典台词，总体风格都是让陷入困境、退缩甚至自暴自弃的角色，心生"活下去"的力量。要么给一个态度上的激励，要么展示一个世界的图景，要么从过来者的口吻，给一个坚实的忠告。总之，让困顿中的动画角色，感到了森罗万象的力量。

  什么是禅的基本目标？铃木大拙解析道："禅本质上是洞察

人生命本性的艺术，它指出从奴役到自由的道路。……可以说，禅把蓄积于我们每个人身上的所有能量完全而自然地释放出来，这些能量在通常环境中受到压抑和扭曲，以致找不到适当的活动渠道。……因此，禅的目标乃是使我们免于疯狂或畸形。这就是我所说的自由，即把所有蕴藏在我们心中的创造性的与仁慈的冲动都自由发挥出来。我们都具有使我们快乐和互爱的能力，但通常对此却视而不见。"① 所以，当人们明心见性之后，其所得的能量，是驱使角色不再匍匐在地，而是站立前行的力量。而且，这种力量，不是一时的冲动，而是伴随着源源不断、汨汨而生的欣喜与智慧。因为觉悟之后的人，总能感到"整个心灵现在都将以一种不同的格调活动，这比你以往所经历的任何东西都更使你满足、和平和充满快乐。生活的格调将得到改变。在禅中有着使生命更新的东西。春花更美，山溪更清澈"②。

其实，动画、童话与佛教人生观有相通之处。"童话让我们看见许多最终走向成功的生动形象，童话的讲述又很接近现实生活：它总是一个介于成功——失败——再成功之间的辩证。当然童话故事的主人公也并不是不灰心或从不感到绝望，但是一般来说，正是在最感到无望的深渊中时又得到了拯救。"③

更关键的是，佛教讲求在修行的过程中，会有开示的喜悦与妙智。因此，尽管佛教说：人生苦短。但是，在前进的路上要求接纳生活，穿衣吃饭是禅，搬柴运水也是禅。这与童话的关系，犹如碳与金刚石，是同素异形体。"尽自己的全力所为；当没有外界的帮助就不能继续前进的时候，设法让自己得到帮助；对拯救性的灵感、念头持开放性的态度，这些看起来显然不是只存在于童话中的成功的基本原则。这里所要求的，一方面要有积极主动地对待生活

---

① ［日］铃木大拙：《禅是什么》，张乔译，海南出版社2016年版，第3页。
② ［日］铃木大拙：《禅是什么》，张乔译，海南出版社2016年版，第97—98页。
③ ［德］维蕾娜·卡斯特：《成功：解读童话》，晏松译，上海人民出版社2003年版，第1页。

的观念,以及面对恐惧的勇气;另一方面所要求的是,一个静观的或者冥想的,对于灵感、念头持开放的态度。"①"也许童话的英雄们的生命能获得成功,因为他们不说:'这不行',而是抱着这样一个观念:'无论如何也应该还有一条可行之路。'这里指明的是对人生的基本信任,这个基本的信任承载着他们。可能在一个童话英雄那里,这个对生活的基本信任是很明显的,而在另一个英雄那里这个信任则会少一些,然而事实证明,在出路无望的处境中,他们决不绝望,而是仍拥有这份信任,也许甚至违背常理。他们赞同和笑纳生活,生活是什么样就什么样,即使生活偶尔并不令人满意,面对艰难的命运他们也心存有爱,有一份坚定的决心,这是一种'对命运的爱'。"②

五　语言的洗练与简约

呈现在我们面前的公案中的师徒对话,不拖泥带水,而是极其洗练,直指人心。可以说,一些公案的语言,貌似风平浪静,实际上是浊浪滔天、风驰电掣般地思维交锋。作为动画角色的台词,不可能要求其像禅宗公案一样,侧重于思想的磨砺与冲击,而是要求其采用洗练、雅致的措辞,表达绵润、多维与深厚的情感。

"功夫熊猫"系列的英文台词,可以作为一个案例。阿宝父子在吃包子的比赛现场偶遇。阿宝说:"你是谁?"实际上,阿宝在父亲转身的一瞬间,肯定有似曾相识的感觉。接下来,熊猫爸爸自我介绍说:"我是李山,我在找我的儿子。"言辞简洁有力,表现了李山的豁达与直爽,这为后来的父子相认,做了性格上的铺垫。阿宝惊呼:"你丢失了你的儿子?"熊猫爸爸说:"是的,多年以

---

① [德]维蕾娜·卡斯特:《成功:解读童话》,晏松译,上海人民出版社2003年版,第167页。

② [德]维蕾娜·卡斯特:《成功:解读童话》,晏松译,上海人民出版社2003年版,第167页。

前。"熊猫爸爸说"多年以前",是父亲依然对当年的痛苦难以释怀的表现;丢子心痛的父亲,一旦触及孩子的话题,必然会瞬间涌入当年的悲恸情境,所以,英文的台词显示出父亲悲伤得难以自拔。李山说到"多年以前"的时候,阿宝立刻插话:"我也与父亲失散。"李山说:"很抱歉。"意思是因为自己的事情,给别人带来痛苦的回忆,很是愧疚,这是一种胸怀博大的自责。当父子在众目睽睽之下悲喜交加地相互拥抱的时候,对于父亲喊出自己乳名"小莲花",阿宝立刻说:"我不叫小莲花,我叫宝。"然后,脱离父亲的怀抱,阿宝,说了一个"Embarrassing",应翻译为难堪,让人觉得"功夫熊猫"虽然狂喜,但是,依然感到不适。这说明,父亲已经是酣畅淋漓地敞开心扉、全部接纳,而阿宝虽在欢喜中,依然没有全部接纳这个陌生的父亲,或者说还是浅浅的接纳。另外,在众人面前,听到了一个女孩的乳名,有点羞怯。角色的性格、心理在台词的低吟浅唱中,不断弹奏出二者的关系。

另外,禅宗公案也会采用书面语风格的偈颂,这样,俗语与文学语言相互错落,节奏鲜明,自不必代言,还深有意境。且看《正法眼藏:智闲禅师》一文中的一段公案记述。

香严智闲禅师颖慧过人,在百丈禅师处参禅不契,后来百丈大师迁,亲近沩山灵佑禅师。有一天,灵佑禅师问他道:"听说在百丈大师那里,往往能一问十答,十问百答,我认为你只是听明伶俐;在意解识想上寻求生死根本。如今我且问你,父母未生时,试道一句看!"

智闲禅师遭此一问,简直迷茫失措,回到寮房,把平日所看过的文字,从头到尾找出一句话来酬答,结果一无所获,不禁感叹着说:"画饼不可充饥!"

于是乞求灵佑禅师为他说破,可是,灵佑禅师并不肯满他的愿,反而说道:"我假使说给你听,以后你会骂我的,因为我说的是我的,究竟不与你相干。"

◈ 动画响菩提 ◈

  智闲禅师听了,便把过去所看的一些书籍付之一炬,并说道:"这一生再也不学佛了,干脆做个苦行粥饭僧,免得劳心伤神的!"

  说罢,便哭泣离开了沩山,从此过着云水般的生活。

  有一天,他经过南阳的时候,看到了慧忠国师的遗迹,便憩止下来;在一次除草的当儿,他不经意地抛掷一块瓦片,刚好击中了一根竹子,并发出清脆的声音。蓦地,他顿然省悟,便赶紧返回住处,沐浴焚香,遥拜沩山禅师,并赞叹着说:"和尚大慈,恩逾父母,当时若为我说破,何有今日之事!"

  于是,有颂偈赞道:"一击忘所知,更不假修持,动容扬古路,不堕悄然机,处处无踪迹;声色外威仪,诸方达道者,咸言上上机!"

  后来灵佑禅师知道了,便对仰山慧寂禅师说:"他已经彻悟了!"

  慧寂知道了不以为然,说道:"此是心机意识,著述上的成就,待我亲自勘验过才能决定。"

  后来慧寂禅师见到了智闲,便对他说:"和尚赞叹你已发明了大事,你试说看!"

  智闲禅师便把颂偈念了一遍。慧寂禅师不肯通过,反而说道:"此是夙习记持而成,假若你真的彻悟了,应该说出心地里的话来!"

  于是,智闲禅师很快地又说出了偈颂:"去年贫未是贫,今年贫始是贫,去年贫,犹有卓锥之地,今年贫,锥也无!"

  慧寂禅师听了,毫不留情地批评道:"师弟!如来禅你是会了,祖师禅你是梦也没有梦到!"智闲禅师闻言并不气馁,又述出一偈颂:"我有一机,瞬目视伊,若人不会,别唤沙弥!"

  慧寂禅师听了,赶快回报沩山灵佑禅师:"恭喜智闲师弟会祖师禅了!"

可见沩山一月脉，其风范不同凡响。

本公案中的偈颂，尤其是面对质疑、斥责的冷言冷语，依然是平心静气，捧出莲花心境，绝对是一种基于定和慧的博大胸怀；另外，优美的语言，由于少了诗词格律的约束，形式更自由奔放。

  这种风格的对白，在国产动画片《大护法》中得到了运用。片中的主角——大护法，杂糅了日本隐者、中国侠客等的品质，还是一位有深沉哲理思考的孤独者，经常发出"我就是痛，痛就是我"，"久别重逢非昨日万语千言不忍谈"之类的闲云野鹤般的凄清与感慨。他与戏谑、夸张、絮叨的太子形成了鲜明的反差。而且，大护法远离人间烟火，本身就具有一种神秘感。可以说，"我是谁，我从哪里来，到哪里去"的追问，既是大护法孤独一人时追问自己进入花生人族群的缘由，也是对自己前途未卜、生死未知的命运的一种忐忑不安的自我安慰。但是，这个追问，适应各个年龄阶段的观众，激发他们在个人命运、哲学、社会、宗教等各个维度上的遥想。

第十章　佛教文化与动画创作者的资禀

佛教文化对中国传统文化影响深远，很多成语、民谚、俗语等都在佛教传入后演变而生。例如，表示"时之极微"的词语有"刹那""一念""弹指"等，在佛经中都有表述。"刹那"是梵语"Ksana"的音译，而"一念"是"刹那"的意译，或者说"九十刹那为一念"，又或者说"六十刹那为一念"。"弹指"，本来指弹击手指。在佛经中，这个动作表示许诺，欢喜的心情，或警告别人。至此可知，常用的"一念之差"，是当事人思维瞬间的高速奔驰。如果仅仅知道"刹那"的表面意思，而不知道词语背后所指，就不会深刻体悟词语背后的生命状态。

不仅如此，一些过去百姓生活中的民俗谚语，也具有深刻的神灵意味。例如，"稀客"，指的是不经常登门的人。但是，日本的折口信夫则对其进行了文化探源性的解释："稀客是指极少造访的由人扮演的来访神。"在古代，"稀客"指代神，是定期从大海彼岸造访村落，给村民带来幸福的灵物。在除夕、元宵节、立春的时候，造访农户的那些"稀客"通常都是披蓑戴笠的。他们趁着夜色到了门口，立即返身者还可以省去装扮，随后，其神的资格就逐渐被人们忘却了。到了近世，已无人了解在冬春交替之际造访的人就是神这件事情了。有些地方的人认为其是妖怪，还有地方的人对其的称谓则从歌唱祝词者变成了乞讨者。①

"稀客",这个中国人旧时生活中的俗语,在日本还有如此的韵味和意义,这是动画跨文化传播过程中的意义拓展与变异。不仅东方文化如此,西方文化中的词语,也具有从日常生活的模拟之后的引申义,西方有些词语是从某种物质现象中引喻出来的。"正当"的意思是"笔直端正","过错"的意思是"扭曲","精神"的意思是"风","犯法"的本义是"越过界线","傲慢"本来是指"扬起眉毛"。我们用"心"这个词表示感情,用"头脑"指示思想;而"思想"与"感情"这两个词都是从具体事物中借用的,现在却被用来形容精神世界。可见,对于概念的理解,只有深入文化与民俗的层面,才能变得鲜活而又有生命力。反之,对于文化的理解,也只有基于民俗生活的视野,才能真正地感知,否则,只是一些空洞的符号或者信息。所以,佛教文化与民俗生活互为表里。

坦言之,国产动画创作者对中国传统文化的感知存在着符号化现象。国产动画创作者如果在中国传统文化的累积方面,只是对一些信息、数据的片断式的把握,而未形成有机态势,中国传统文化的动画转化的生产力,就不会突飞猛进并可持续增长,只能是偶然性地出现一些票房提振的作品。

本书以佛教文化为视角,阐述部分国产动画创作者的一些认知误区。

一 对于动画之为变形的质疑

很多动画创作者误以为,动画就是变形的艺术,是完全根据自己的设想,进行的游思无垠、信马由缰式的构思。其实,这种歧误,也曾经在中国美术史上发生过。吴冠中先生认为,"变形"一

---

① 参见[日]诹访春雄《日本的祭祀与艺能》,王保田等译,南京大学出版社2013年版。

◈　动画响菩提　◈

词其实曲解了艺术创造的本质，甚至是"伪造艺术"的教唆犯。①吴冠中先生在《说"变形"》一文中指出，"骨科医生熟悉人体骨骼的精确构成；内科医生掌握人体消化系统及循环系统等规律；经络似乎看不见，针灸大夫体会其间确凿存在着隐蔽的通渠。一副人体骨骼架或一幅剥了皮的血管运行图往往触目惊心，但它们是真实的，比平常所见的人之外表更真实地表现了人之各个方面。艺术家表现人，活人。活人的样式和特点是：有重量、有力量、活动、宁静……当作者为了充分抒写人的执着、敏感、狂想、迷惘等不同情怀时，笔底自然流露出某一时空或瞬间感受到的人的独特形象：无锡泥人阿福的圆脸团团、亨利·摩尔弧状与块状构成的永恒、马踏匈奴的厚重、杰克梅蒂的干瘦、周防的丰腴、老莲的狂怪、莫迪里阿尼的舒展……都着意于充分表达特定的情意与情趣，于是作品中的形象的外貌便有了较大或很大的差距，'变形'了，但却更真切、淋漓地表露了感受中的对象。我一向不同意将这种表现手法中的真实性与深刻性名之曰'变形'。有人初次见到这样的艺术形象也许会惊讶，正像起先也许怀疑人体骨骼或血管图就是自己生理的真实"②。

吴冠中先生对于"变形"的锋利论述，同样，适用于部分当前国产动画创作者的创作状态。如果说，吴冠中先生的论述难以适应视听结合的动画，那么，活跃于日本戏剧、歌剧、芭蕾舞剧、音乐剧、电视剧等舞台美术方面的艺术家——妹尾河童的艺术经历，则有助于动画创作者需要关注"真实"的观点的形成。

妹尾河童在《窥视日本》的"京都地铁工程"一章中介绍了东京地铁工程的历史、施工情况，里面有工程俯视图、切面图，有出土文物略图、施工机械的剖面图，都是工笔的风格。"桦户集治监狱"一章中则有监狱周边的地理图、行刑资料馆的展品，有监狱

---

①　参见吴冠中《说"变形"》，《皓首学术随笔·吴冠中卷》，中华书局2006年版。
②　吴冠中：《说"变形"》，《皓首学术随笔·吴冠中卷》，中华书局2006年版，第54—55页。

规则图、监狱房间俯视图、道路开凿的示意图，还有木榫结构和彩绘的北渐寺木梁结构近视图。这些图，已经具有建筑工程图的风格。但是，妹尾河童是艺术家，不是建筑学者。更让人吃惊的是，在"导盲机器人和盲文印刷"一节中，有很多的机器结构图，以及印刷流程示意图。这些图，可以透视，而且是精准的尺寸标示，宛若机械制造专业人士绘制的机械图纸。①"钥匙和锁"一节，则介绍了欧洲各地的招牌钥匙图、根据埃及锁的原理制作的钥匙和锁的示意图、罗马时代的戒指钥匙（28张图，根据历史时间排序）、江户时代日本的钥匙、西班牙16世纪哥特式的锁的装饰图、江户时代后期日本锁的装饰图（一张平面图的旁边，添加了一个"橘"家徽图的细节放大图）。②虽然当时已经是电影、电视、照相技术都很发达的年代，然而妹尾河童用笔触，勾画了这些文物或者照片无法企及的物象，图文并茂之间，流淌的是一种文化自信，以及对于日本传统文化的坚守。

如果说，妹尾河童的创作还是个人化的，著名的电影导演李安在创作过程中，对于现实生活的感受与拟真程度则更让人惊叹。2009年6月，李安与编剧及部分《少年派的奇幻漂流》剧组成员，开始了为期3周的印度之行，他们参观动物园、寺院、学校，以及小说原著中提到的一些其他场景。尽管李安之前已经去过印度多次，但是，李安等剧组成员还是认真地行走并捕捉着灵感与信息。在孟买的一座寺庙，一个苦行僧以几卢比的价格给队员系上了一根辣鸡圣线。经过苦行僧的长时间佩戴后，已经磨损、褪色的红线，出现在电影中，体现着时间的流逝，表示派与过去微弱的关系。③同样，参观舞蹈学校时，观摩的印度舞蹈及

---

① 参见［日］妹尾河童《窥视日本》，陶振孝译，生活·读书·新知三联书店2007年版。

② 参见［日］妹尾河童《窥视日本》，陶振孝译，生活·读书·新知三联书店2007年版。

③ 参见［美］让－克里斯托弗·卡斯泰利《少年派的奇幻漂流》，雷丹雯、范亚辉译，北京联合出版公司2014年版。

◆ 动画响菩提 ◆

音乐，也成了该片中的音乐段落。在参观茶园的时候，"苍翠茂盛的山腰因为高低起伏的地势而呈现出了层次感极强的壮观美景，当他沿着一条羊肠小径穿过茶树种植园时，我们的导演注意到了另外一件事：这些茶树普遍有着多节且洁白的树干和根部，这不禁令他久久驻足。在为此着迷的同时，李安让麦基拍下了一张又一张的照片，镜头一点点地缩小焦距，这些小型灌木植物的根部在照片上呈现出微距的画质。这些特写照片影响了李安对'神秘小岛'的外观设计——即派在旅程尾声曾短暂登陆过的、充满着神秘与梦幻气息的食人岛"①。可见，该片让人叹服的场景，其实源自李安团队在考察中的不断感受、思考，在此过程中，一幅幅清晰的电影画面不断地生成。不仅如此，在拍摄过程中，整个团队对于情境的现实感，真是细微之处都要求形态逼真、精益求精，影片的美术组"根据时间流逝及剧情发展，对道具进行相应的做旧处理。为此，葛罗普曼的团队针对船在一次海上航行中可能积淀出的船身生锈及藤壶、藻类和烂泥的附着等'做旧效果'专门整理成册。经过做旧，我们看到了救生艇内部逐步老化的效果、艇身外侧阳光与海水盐分留下的渍迹，还有理查德·帕克的虎爪抓痕……另外，在船体外侧，我们还能看到派于旅程中在船身上的凿刻，记录下了他在海上待过的天数"②。这些记述，让我们看到了全神贯注于创作的李安，以及他对于细节真实的塑造和捕捉。正因为此，细节的逼真让观众更加信服，并延伸了剧中人物的情感强度与深度。至此，对于该片获得了第85届奥斯卡奖最佳导演、最佳摄影、最佳视觉效果、最佳配乐大奖，我们应该会觉得"名至实归"。

当国内的动画创作者或者漫画迷，在羡慕日本动画或者漫画丰

---

① ［美］让-克里斯托弗·卡斯泰利：《少年派的奇幻漂流》，雷丹雯、范亚辉译，北京联合出版公司2014年版，第31页。
② ［美］让-克里斯托弗·卡斯泰利：《少年派的奇幻漂流》，雷丹雯、范亚辉译，北京联合出版公司2014年版，第74页。

产与跃进的同时，也许忽略了妹尾河童这一类很有学术素养的艺术家，他们的作品及精雕细刻，才是日本动画创作的源泉。同样，李安导演的学识、情怀及对于影片的全神贯注，也值得动画创作者学习。

所以，中国当前倡导的"大国工匠"精神，不仅自然科学发展需要，人文、艺术领域更需要，中国目前的动画艺术，过于追随欧美的流行风气，缺少内在底蕴与文化的张力，更缺少吴冠中那样融汇哲思的艺术大家。当我们瞩目一部长片的票房时，却忽略了国内的艺术动画短片（无论是动画公司、工作室或者大学生的作品），究竟有多少短片，是对美好人性的观照，是对弱势群体当下生活的关注。短片，无论艺术样式的自由度，还是思考的深度，都是轻便与小巧的表达，更培养了动画创作者的艺术情怀与对动画工艺的探索，并为动画长片塑造储备人才。这是欧美动画长盛不衰、历久弥新的原因之一。

再者，动画创作者不应只活跃于动画一个领域，而应跨界到电影、电视、平面、建筑、文学等行业去历练。例如捷克的动画大师杨·史云梅耶（Jan Svankmajer），身兼导演、编剧、艺术指导、美术设计、服装设计数职。中国的"万氏三兄弟"，是20世纪40年代著名的杂志插画师、摄影师、剪影大师。"万事三兄弟"中，万古蟾等先后为《新银星》《中国电影杂志》《电影月报》《影戏杂志》等杂志画封面、插画或者漫画等，而且，还参与了一些电影的舞美设计。这是他们能够领风气之先，得以创作动画的根柢和气韵。而今，国产动画领域，能够跨界电影、电视、广告、平面设计、动画的人，还需要拭目以待。

二 机巧与功夫

《庄子·天地》中有个故事：一个农夫挖了口井，用以灌田。他像大多数古人所做的那样，用一个普通的桶，从井里提水。路人

◈ 动画响菩提 ◈

听说后,问这农夫,为什么不用桔槔,那既省力又可做更多的活。农夫说,"我知道它省力,正因为此,我才不用它。我恐怕用这样一种机巧,人心会变得像机械,而机巧之心使人散漫怠惰"。

目前,快餐文化意识极其流行,导致有些动画创作者,不愿意做踏实的前期准备。因为,这个阶段,需要枯寂的功夫。

时长 6 分 43 秒的动画短片《美丽的森林》,没有一句台词,只有古乐和工笔画。更令人惊奇的是,该片中的场景,是临摹故宫博物院宋代的真迹,包括宋徽宗赵佶的《腊梅山禽图》《芙蓉锦鸡图》,林椿的两幅作品《果树来禽图》《枇杷山鸟图》和佚名的《红蓼水禽图》《杨柳乳雀图》《扇面碧桃图》等。杨春用 3 年时间、以 10093 幅传统工笔画的画稿,构成了《美丽的森林》。在我们惊艳宋画的美艳与小鸟的逼真和可爱的时候,对于作者 3 年的孤寂与创作热情的坚守,更应该叹服。

动画艺术家万籁鸣从少年到青年,十年寒窗,刻苦自学美术。尤其酷爱临摹三位美术大师的作品。"石恪擅绘画,工佛道人物,形象夸张,笔墨纵逸,不拘规矩,以刚劲见长,好作故事画,对当时的豪门贵族多有讥刺。梁楷擅画人物、佛道、鬼道,一问用坚壁作细长撇捺,转折劲力有致,尤工'泼墨'法,淋漓酣畅,造型有神。他兼善山水、花鸟,能自出新意。陈老莲的绘画能融会传统,自创风光,最擅人物、仕女,精花鸟草虫,勾勒入微,色彩清丽,富于生意和装饰情趣。他写山水、章法、笔墨亦独特,所绘大量绣像插图,由名手木刻插图,为明清间版画的珍品。"[①] 至于中国动画名家、著名美术家张光宇所心仪并曾经模仿的明末清初的画家陈老莲,还是当时著名的小说版画插图的大家。"画家兼版画作手的明遗民画家号为老莲的陈洪绶,先后创作了《九歌图》《水浒叶子》《西厢记》《鸳鸯塚》《博古叶子》等绣像插图,其中涉及历史

---

① 万籁鸣口述,万国魂执笔:《我与孙悟空》,北岳文艺出版社 1986 年版,第 23—24 页。

人物和故事的图像，状貌服饰，必考古吻合，是我国版画创作领域别树一帜的辉煌巨制。"①

以《宇宙战舰大和号》闻名的松本零士，是日本著名漫画家、编剧、导演、演员、制片。松本零士的漫画，得益于他知识的广博，由于松本零士并未止步于漫画的创作或者改编，而是深入研究了天文学、考古学、武器、战争史等学科知识，这些都成为其漫画创作的故事题材，或者为空间设定的逼真性奠定了内在的底蕴。

"由戒而定，定能生慧。"就是要有无物无欲的情怀与非功利的心态，在寂静中产生定力，并在定力中衍生智慧，明心才能见性。但是，佛教不是让人脱离现实与现世，现实生活中的吃饭穿衣、耕田种地，都是修行。只有经历了枯燥的生活磨砺与艺术层层的积累，才能破茧而出、化蛹为蝶，获得心性的解放。同样，只有在民间艺术、乡野生活、百姓民俗、中国历史中，孜孜不倦地汲取营养的动画创作者，才能具有"民族化"的能力。

三 宗教情怀与审美

唐代诗人王维的《叹白发》："宿昔朱颜成暮齿，须臾白发变垂髫。一生几许伤心事，不向空门何处销？"佛教认为人疾病的原因是"心不能静、气不能和、度不能宏、口不能守、瞋不能制、苦不能耐、贫不能安、死不能忘、恨不能释、矜不能持、惊恐不能免、争竞不能遏、辩论不能息、忧思不能解、妄想不能除等，于是造成身心的病患"②。佛教对此的治疗之道，包括节制饮食、礼佛拜忏、持咒念佛、乐观进取、心宽自在、放下安然等。可见，佛教给了人以具体的消愁、康健的方法和慰藉，更主要的是解脱。"佛教的解脱在于消除人世的烦恼、悲伤、羁束、痛苦，由不自在进入

---

① 元鹏飞：《戏曲与演剧图像及其他》，中华书局2007年版，第48页。
② 佛光星云编著：《佛教·世俗》，上海辞书出版社2008年版，第36页。

自在的境界。所谓解脱就是从人生痛苦中解放出来；所谓自在就是获得自觉、自得、自由的境界。"① 这种对人类生命观照的终极需要，具有某种普遍性和永恒性。在这种终极需要激发下所产生的一种超越世俗的、追寻精神境界的情怀，会激励个体对人性、人生、生命及人类共享的精神价值理念怀有一种敬畏感、神圣感，这就是宗教情怀。当一个人的宗教情怀十分充盈时，他就会以一种慈悲、诗意的心态待人处世。而国产动画的创作，需要一种宗教的情怀，反思自己的作品是否能抚平观众内心的创伤，是否能缓解观众的孤寂、孤独、无助、痛苦和迷惘，只有让观众洗去风尘与内在的苦楚，获得了新生的力量和自我救赎，这些动画作品才有其社会价值。

苟言之，部分国产动画创作者困顿于个人谋生的艰辛，或者受制于动画投资方的束缚，导致一部分国产动画创作者缺乏宗教情怀。一位以追求经济利益为目的的动画创作者，不可能像以《向日葵》来燃烧生命能量的梵高一样，创作出给人以生命燃烧炸裂般力量的作品。吴冠中曾讲到自己第一次面对梵高的《向日葵》原作时，深切感悟道："对于他，黄色是太阳之光，光和热的象征。他眼里的向日葵不是寻常的花朵，当我第一次见到他的《向日葵》时，我立即感到自己是多么渺小，我在瞻仰一群精力充沛、品格高尚、不修边幅的劳苦人民的肖像！米开朗基罗（Michelangelo）的摩西像一经被谁见过，它的形象便永远留在谁的记忆里；看过梵高的《向日葵》的人们，他们的深刻感觉永远不会被世间无数向日葵所混淆、冲淡。"②

作为动画创作者，在创作过程中，也需要内心的澄澈，赋予动画角色激情和救世的情怀和行为，与此相伴的是，动画创作者也会发现与众不同的视角。17 世纪日本的一位大诗人松尾芭蕉

---

① 方立天：《中国佛教文化》，中国人民大学出版社 2012 年版，第 235 页。
② 吴冠中：《梵高》，《皓首学术随笔·吴冠中卷》，中华书局 2006 年版，第 135 页。

（1644—1694年）的创作，也可以给我们启发。芭蕉曾作过一首7音节的俳句：

> 当我细细观照时，
> 只见那荠花开放在
> 篱墙脚边！

满眼的繁华，都不入眼。反而，墙角的一朵朴素的荠花，引发了诗人的诗情。因为，荠花对于篱笆脚的美化强度，对于田园的修饰，超过了国色天香的牡丹。这也说明，诗人对于弱小事物的怜爱，及其对生命茁壮的感叹，都是身世与情怀的承载。但是，这种凝视，是否让身心的块垒得以释放了呢？因为，"花重锦官城"是帝王的法眼，与诗人的朴素无关，诗人只是欣喜自己的状态与心灵的绽放。或者说是一种"生死有命，富贵在天"的平淡，而不是嫌贫爱富的焦灼。① 相反，一味追求利益，本身就远离了艺术的清净，更谈不上什么才思敏捷。而中外动画历史的经典作品，在构思的初期阶段，几乎都程度不同地拥有"物我两忘"的沉浸与情感投入。

1945年，张光宇创作了至今还被漫画家和插画艺术家奉为经典的长篇连环漫画《西游漫记》。这与《神笔马良》的插画及后来的《大闹天宫》的造型一脉相承。但是，当今的人们，很少知道《西游漫记》的创作条件之艰苦。作为难民，张光宇先生来到重庆，"他沿途看到流离失所的难民，看到慷慨激昂的群众抗日行动，看到不战而走的将官，看到大发国难财的官僚资产阶级和投机商人，也看到满目疮痍、哀鸿遍野的'陪都'社会，对于这充满讽刺的现实社会觉得无话可说，只有用漫画这个武器才能表达他的愤慨"②。可见，《西游漫记》的创作初衷，是表达对于国破山河在、

---

① 参见［美］弗洛姆、［日］铃木大拙、［美］马蒂诺《禅宗与精神分析》，王雷泉、冯川译，贵州人民出版社1998年版。
② 徐累主编：《童话童画》，中国人民大学出版社2009年版，第39页。

◈ 动画响菩提 ◈

民不聊生的愤慨，表达这种激愤以引发疗救和抗争，本身也是一种慈悲的情怀。

四　童话需要展示内心真实

　　毕淑敏曾经在《常读常新的人鱼公主》一文中说：大约8岁的时候，第一次读完人鱼公主的故事后，为可爱和美丽的公主变成了大海中的水泡而泪流满面；18岁，情窦初开之时，读出了爱情，人鱼公主之所以能忍受那么惨烈的痛苦，是为了自己所爱的人；28岁，当妈妈时，理解了生了6个女儿的人鱼公主的母亲，在去世前的牵挂与不舍；38岁时，作为小说家，关注的是安徒生的写作技巧；48岁再读时，感悟到人鱼公主毅然离开家庭，乃是为了寻找灵魂，其爱情也与灵魂相关联。文章最后，毕淑敏感叹：这个悲壮而凄美的寻找灵魂的故事，是如此动人心弦，常读常新。①

　　童话不仅没有年龄限制，还没有文化的区隔。当我们放眼世界儿童文学的时候，即使相隔千里的英国儿童文学，我们依然能够感受其中的童趣。例如英国贝妮黛·华兹（Bernodette Watts）的《孤独的稻草人》，其故事发生在冬天，兔子一家和邻居们一起去一片卷心菜地。它们对于一个稻草人的态度是不一样的。大人的讥讽与杰克的宽容和体贴，形成了鲜明的对比。

　　　　一个稻草人孤零零地站在田野中央。
　　　　"别管他"，兔子爸爸说，"他不会走路，他只有一条腿"。
　　　　"他也听不懂我们讲话。"兔子爸爸补充道。
　　　　"他那张黄色的大脸，还有红色的爪子，可真够恐怖的。"
　　　　兔子妈妈捂住嘴巴，"连耳朵也没有，跟我们长得一点都

---

① 参见毕淑敏《常读常新的人鱼公主》，《语文世界》（初中版）2003年第5期。

不像"。

"可是，他有一双善良的眼睛。"小兔子杰克说。

"或许，还有一颗温暖的心。"兔子妈妈笑了。①

几天后，兔子杰克招呼松鼠比利、鼹鼠查理一起去前几天父母去过的卷心菜地，不料，遇到了大风雪，三个小家伙只好依偎在稻草人的怀抱中，过了一夜。第二天清晨，三个小家伙在白雪皑皑的原野上，辨认着回家的路，家长们对于一夜未归的孩子的态度是不一样的，妈妈一般是赶紧嘘寒问暖的，爸爸，一般还是怒气多一点。冬去春来，小家伙们再去那片地的时候，稻草人已经换了新装了。这是小孩子们一次冒险的经历。

尽管《孤独的稻草人》中没有明确地说，杰克等小动物翻越坡岭地去卷心菜地，是为了解馋，但是，这种小心思，读者会心领神会的。至于说，那种"夜不归宿"的担惊受怕，以及到了家里被家长惩戒，更是每个儿童成长过程的必有的快乐回忆。更难得的是，稻草人让三个小动物免于狂风暴雪之夜的劫难，所以，小家伙们对于稻草人的感恩，说明小朋友们真是天真无邪，而且是懂得感恩的。

其实，童话在表面欢乐的同时，也是作者内心的反向投射。安徒生的一生极其坎坷，他是一个偏远闭塞小镇中被囚禁的孩子，一个有着复杂混乱的家族血缘的自卑的孩子，一个有着疯疯癫癫祖父的孩子，一个诚惶诚恐、生怕自己有一天会发疯的孩子。正如他所说："人生就是一个童话。我的人生也是一个童话。这个童话充满了流浪的艰辛和执着追求的曲折。我的一生居无定所，我的心灵漂泊无依，童话是我流浪一生的阿拉丁神灯！"② 童话的作用，又如《卖火柴的小女孩》中，灿然亮起又灭掉的火柴，总是以微弱的力

---

① [英]贝妮黛·华兹：《孤独的稻草人》，安喜帛译，长江少年儿童出版社2014年版，第2页。

② 潘望：《童话即命运》，载徐累主编《童话童画》，中国人民大学出版社2009年版，第14页。

◆ 动画响菩提 ◆

量,给人以温暖。"童话并不具有翻天覆地的力量,它只能带来微微的欢笑和眼泪,在人心小小的角落里。当宫崎骏的小魔女骑着扫帚在空气里穿过、天空之城安宁地漂浮着、龙猫带着傻傻的面容走来走去,在这些动画里,我们在找回善者必胜的信念时,也暂时找回了对身边芜杂世界的信心。"① 童话与神话一样,都具有宗教的情感。

相反,国产动画的角色,都是小大人的感觉,主要原因是动画的创作者根本没有深究儿童的生活、心理、行为特点,以成人的心态、视角、行为的低龄化,作为动画角色塑造的内在依据,至多,增加一些少儿的语气词而已。苛刻地讲,这是一种投机行为。所以,从中华人民共和国成立开始,尽管动画技术不娴熟,但是,上海美影厂的动画创作者拿着剧本故事,到幼儿园、小学校,讲给孩子们听,并观察他们的反应,根据他们的反应和老师的意见,再重新改写剧本。这种创作态势延续到了1966年,所以至今,反观1949年至1966年的动画电影,朴素、稚拙、清新的品质,依然感人。

当我们追问,何为童心及如何养护童心的时候,很多人都会不约而同地回望丰子恺的生命状态与其创作的稚趣扑面的散文与漫画。20世纪20年代末30年代初的近十年间,丰子恺受弘一法师的影响甚深,信奉"一切众生,悉有佛性"的佛教思想,认为人心本是灵明洞彻、湛寂常恒的清净心,只因妄念覆盖、客尘所染,导致了"清净心"蒙受了尘垢与荫蔽,而直观的、非功利的童心,契合了摒弃浮蔽、通达万物之相的佛性之义。明代的李贽曾著《童心说》,提出童心的本质是"最初一念"之本心。② 而"最初一念",并非人生下来的第一个念头,而是未经思虑计较的心灵直观;绝非"纤念不起",而是不容一毫默识工夫参与其间,不滞著一念;秉

---

① 潘望:《童话即命运》,载徐累主编《童话童画》,中国人民大学出版社2009年版,第21—23页。
② 参见(明)李贽《焚书·续焚书》,中华书局1975年版。

此信念才坦坦荡荡、无所畏惧，处处展现真人的活力与勇气。①

对佛教的亲近，以及家人相继离世的惨痛，让作为居士的丰子恺更加体会到了生命的匆匆与无常，也让其对儿童天性的亲近与呵护，具有了多重的含义，故而丰子恺创作了大批的儿童至真、至纯的漫画与散文，《阿宝赤膊》《瞻瞻底车》《软软新娘子》《阿宝两只脚，凳子四只脚》《取苹果》《华瞻的日记》《儿女》《给我的孩子们》《从孩子得到的启示》《送阿宝出黄金时代》等作品就是典型的代表。

丰子恺漫画创作分为描写古诗句、描写儿童相、描写社会相和描写自然相四个时期。漫画"古诗新画"含蓄隽永。例如《人散后，一钩新月天如水》中的"画面是那样的静谧，静静的夜空、静静的空气、静静的走廊，似乎一点声音都没有；然而，却使人感受到片刻之前的谈笑声。是一幅很有意境的作品。这类作品，不能说它有多么积极的社会意义，但在那样的时代环境中出现，还是给人以健康的美感享受的"②。

岁月如白驹过隙，当七八十年流逝后，我们的国家已经洗去了百年的耻辱，建设成就蒸蒸日上。但是，巨大的社会变迁没有阻碍我们去亲近丰子恺作品中的童心与童趣，这有助于我们增强对于童话的心理结构及其功能的理解。"对于心理历程可能的发展方向，童话可以提供建议，但又并不直接要求将此建议付诸实施。童话的整个故事，或其中的一面镜子，让我们照着镜子思考自我，加深自我认识，并激励我们改变生活中的某些状况。从童话的镜子中，我们可以看到自己的问题，又不伤及自恋；可以把自己的问题折射到童话的情节中，然后加以处理；童话的情节可以引动我们谈论自己的生活；有时候，童话情节还可以激发我们的意象，同时，原始情节本身却淡出了我们的视线。提供了很多

---

① 参见杨遇青、王娟侠《佛禅质素和晚明文学演进之思想脉络》，载普惠主编《中国佛教文学研究》，中华书局2012年版。

② 毕克管、黄远林：《中国漫画史》，文化艺术出版社1986年版，第74页。

◆ 动画响菩提 ◆

自由发挥的空间,这是童话治疗的固有优势,并不仅仅表现在团体咨询中。"①

对于自己的梦,我们往往觉得负有责任,与梦相比,童话在情感上更远离我们自身的经验,但又不至于远得让我们无动于衷。就此而言,童话治疗处于情感的自由空间,能激发创造力的发展。格林兄弟经常用继母来代替"凶恶的"亲生母亲,有时便是为了推动小孩子自立自主。②

可见,童话是人类幼年心灵的一面镜子,可以帮助儿童在成长过程中焕发自身蕴含的能量,使其扫除困惑,生出活力。

五 童真可以成为透视成人世界的棱镜

"和""敬""清""寂"被视为茶道仪式的原则,流淌着佛教的禅学精神。其中,"敬"就是心灵的诚实,由于茶道讲求一生中只有一次相聚的机会的"一期一会",因此,每次同席之人必须对仅有的一次聚会心存敬意,无论对席间之人还是相关器物都要珍惜。关键是,茶道的整个环境不是凸显每个器具的昂贵或者惊艳,而是融合成一种流水不惊、相互映衬的低调与平和。即使是花束,也要营造出一种乡野纯朴的自然情趣,这既是不矫饰,也是对大自然的怜爱和敬重。所以,一个茶道的仪式环境类似一次微缩的自然景观。一次茶道,是身心舒展、融化于自然的神祭仪式。世俗中,需要伪装的铠甲,以保护心灵。但是,块心所垒,天长日久,必然丛生杂念与杂病。所以,茶道仪式,类似一次心灵的沐浴。

同样,"敬"的态度,在中国传统文化中,也随处可见。例如,

---

① [德]维雷娜·卡斯特:《童话的心理分析》,陈瑛译,生活·读书·新知三联书店2010年版,第97页。
② 参见[德]维雷娜·卡斯特《童话的心理分析》,陈瑛译,生活·读书·新知三联书店2010年版。

第十章 佛教文化与动画创作者的资禀

中国古代有"敬惜字纸"的传统,是因为当时纸张还是昂贵的。再者,是珍惜纸张上的文字与文化,这和中国的楹联"惜食惜衣,非为惜财缘惜福;求名求利,但须求已莫求人"具有相通之处。其实,这种"敬"的态度,便是视某种事物具有隐约的生命活力。

综观日本的许多画作,颇富诗意,且与大自然的颜色相结合,例如茶色系中的木色、柿涩色、鸢色、雀茶色,黄色系中的山吹色、芥子色、柑子色等,都可感受到质朴的色彩意象,因此素朴美学所传达出来的色彩意象,反映了大自然的演变周期与特征,并且与大自然紧密相随。① 当我们翻阅日本安野光雅的绘本《儿童的季节》的时候,会为图画中的色彩与日本的民俗记忆所折服。这些画作本来是建筑物的写实记录,却杂糅了很多儿童记忆,如《捕蝉》《奈良的秋天》《捡栗子》《摘柿子的孩子》等,都是儿童的乡村记忆。而《失手弄掉了大鼓的雷神》《小正月祭火仪式》等,又杂糅了民俗。

而且,安野光雅给我们的震撼,还要更加深远。他的《ABC之书》,有26个英文大写字母,及与其有关的典型单词及词义的形象设计。而字母,是实木质地的造型,每个字母的每一笔画都是立体造型,而且不是简单的平面,例如B的右侧笔画,仿佛是儿童的滑梯;C则是一个扭曲的轮廓设计;E、H的笔画,不是平面的,而是多角度的立体造型,这本身就是设计学的构思思维。而且,字母R、Z等,还有滑动的环节设计,让人觉察到仪态万千的灵动。在《天动说》中,安野光雅将目光投射到了中世纪的"地球中心说""太阳中心说"及这些学说诞生的复杂的历史上。在该书的"解说和后记"部分,作者说,如今,小孩子都知道地球是圆的,地球围绕着太阳在运动,但是,不是所有人都真正明白这些原理。"真正明白'地动说',就意味着不仅仅是能够说明前面所讲的天体运行

---

① 参见李佩玲主编《和风赏花幕:日本设计美学的演绎》,吉林科学技术出版社2004年版,第53页。

的构造和规律。更重要的是能不能真正理解'天动说'时代的人们到底在想什么，又过着什么样的生活。"① "哥白尼在意识到'天动说'有错的时候，肯定体会到了夜不能寐的恐惧吧。作为一位70岁的老人，却不得不在无知的法官面前下跪的伽利略，又留下了多少遗憾和不甘心呢？更何况明明知道自己是正确的，还被施以火刑的布鲁诺，他的心情又是怎样呢？"② 可见，安野光雅已经在人们的日常生活和大千世界的寻常事物中，感知到了历史进程的曲折与辛酸。他想让见过地球仪并知道地球是圆的的孩子们，"感受一下'地动说'的神奇，以及其中蕴藏的悲伤"③。可见，安野光雅的目的，是让孩子们不要死记硬背，而是透过这个知识点感受到，一个真理或者科学成就，是一代代人的沉淀与不断的进取，今天的一个知识点，是人类一步步地克服愚昧、迷信等不断前行而获得的。

不仅是绘画、书籍设计方面，安野光雅在文学和数学方面的造诣，以及对于人类生命的呵护与人物情绪的精微捕捉与赞美，促生了他的经典作品，更使他赢得了"安徒生奖"等国际知名大奖。相形之下，中国还没有沉浸于民族文化、并具有世界艺术视野的文史兼通的大家。而推动了中国文学、美术、音乐、建筑、历史、哲学的佛教文化，也许能为中国绘本、儿童文学、动画创作者提供丰富的资养。

---

① ［日］安野光雅：《天动说》，艾茗译，九州出版社2016年版，解说和后记，第2页。
② ［日］安野光雅：《天动说》，艾茗译，九州出版社2016年版，解说和后记，第2页。
③ ［日］安野光雅：《天动说》，艾茗译，九州出版社2016年版，解说和后记，第2页。

参考文献

一 中文文献

专著

（南朝梁）刘勰：《文心雕龙·神思》，上海古籍出版社2010年版。

（唐）慧立、（唐）彦悰：《大唐大慈恩寺三藏法师传》，中国社会科学出版社2003年版。

（明）李贽：《焚书·续焚书》，中华书局1975年版。

白化文：《汉传佛教与佛寺》，北京出版社2005年版。

毕克官、黄远林：《中国漫画史》，文化艺术出版社1986年版。

陈剑光：《中国景教中的莲花和万字符——佛教传统抑或雅利安遗产?》，载王志成、赖品超主编《文明对话与佛耶相遇》，社会科学文献出版社2012年版。

李佩玲主编：《和风赏花幕：日本设计美学的演绎》，吉林科学技术出版社2004年版。

方立天：《方立天文集》，中国人民大学出版社2012年版。

海波：《佛说死亡——死亡学视野中的中国佛教死亡观研究》，陕西人民出版社2008年版。

韩尚义：《电影美术漫笔》，上海文艺出版社1979年版。

黄心川：《印度哲学史》，商务印书馆1989年版。

季羡林著，王树英选编：《季羡林论佛》，华艺出版社2006年版。

梁启超：《梁启超谈佛》，东方出版社2005年版。
刘宗超：《汉代造型艺术及其精神》，人民出版社2006年版。
龙建春：《阴阳家简史》，重庆出版社2008年版。
吕澂：《中国佛学源流略讲》，中华书局2007年版。
南怀瑾讲述：《禅语生命的认知》，东方出版社2009年版。
任继愈主编：《佛教史》，凤凰出版传媒集团、江苏人民出版社2009年版。
圣凯：《佛教现代化与化现代》，金城出版社2014年版。
释印顺：《佛法是救世之光》，中华书局2011年版。
孙长林主编：《美的源泉》，中国旅游出版社1993年版。
太虚：《中国佛学特质在禅》，东方出版社2016年版。
唐星明：《装饰文化论纲》，重庆大学出版社2006年版。
万籁鸣口述、万国魂执笔：《我与孙悟空》，北岳文艺出版社1986年版。
王志远：《中国佛教表现艺术》，中国社会科学出版社2006年版。
王祖龙：《楚美术观念与形态》，巴蜀书社2008年版。
翁敏华：《中日韩戏剧文化因缘研究》，学林出版社2004年版。
吴冠中：《说"变形"》，《皓首学术随笔·吴冠中卷》，中华书局2006年版。
信立祥：《汉代画像石综合研究》，文物出版社2000年版。
徐丹：《倾空的器皿——成年仪式与欧美文学中的成长主题》，上海三联书店2008年版。
徐累主编：《童话童画》，中国人民大学出版社2009年版。
阎城、张维颖：《雕塑之美》，新华出版社2001年版。
杨丽娟：《世界神话与原始文化》，上海社会科学院出版社2004年版。
杨遇青、王娟侠：《佛禅质素和晚明文学演进之思想脉络》，载普惠主编《中国佛教文学研究》，中华书局2012年版。
杨曾文：《大乘佛教伦理与现代社会》，转引自《从传统到现代——佛教伦理与现代社会》，台北：东大图书公司1990年版。

元鹏飞：《戏曲与演剧图像及其他》，中华书局2007年版。

岳春瑞：《巫怪的历史》，吉林大学出版社2009年版。

张岱年、程宜山：《中国文化精神》，北京大学出版社2015年版。

张立文主编：《空境——佛学与中国文化》，人民出版社2004年版。

章华：《思想的形状：西方风景画的意蕴》，北京大学出版社2011年版。

赵建军：《映彻琉璃：魏晋般若与美学》，中国社会科学出版社2009年版。

赵朴初：《有乐感的佛心——赵朴初居士释佛》，中国长安出版社2005年版。

钟玲：《中国禅与美国文学》，首都师范大学出版社2009年版。

朱哲主编，李千、马小琳副主编：《巨赞法师全集》第2卷，社会科学文献出版社2008年版。

朱自强：《儿童文学的本质》，少年儿童出版社1997年版。

论文

郝冰：《奇观影像的百年回顾——电影特技的发展及其对电影本体论的革命》，《当代电影》2004年第1期。

何柏生：《神秘数字的法文化蕴含》，《政法论坛》2005年第4期。

胡俊杰：《基督教的道德教化功能》，《中国宗教》2014年第12期。

黄宇雁：《"萌"与"萌え"——试析中国流行文化对日本文化的受容》，《浙江外国语学院学报》2012年第3期。

李吉元：《教育奠基中国：1956年扫盲教育 4亿多文盲学识字》，《中国教育报》2009年8月19日第1版。

麻天祥：《佛学与科学——中国近代科学家对佛教的科学分析及比较研究》，《佛学研究》2009年第1期。

穆兰馨：《〈阿凡达〉世界的博物学》，《博物》2010年3月刊。

齐佩：《从日语"萌"的语用意义看青年亚文化生态体系特征》，

《外语学刊》2010年第4期。

孙海燕：《浅析〈功夫熊猫〉中的佛教元素》，《社科纵横》（新理论版）2010年第2期。

吴效群：《巫觋化——中原民间文化的底色》，《学习论坛》2006年第1期。

徐杉：《略论峨眉山苦行僧》，《宗教学研究》2011年4期。

赵文珍：《〈千与千寻〉中蕴含的日本传统文化》，《宿州学院学报》2011年第3期。

朱志先：《略论佛教的生死观》，《理论月刊》2007年8期。

二 汉译文献

专著

［澳］约翰·多克：《后现代主义与大众文化》，吴松江、张天飞译，辽宁教育出版社2001年版。

［德］卢克曼：《无形的宗教——现代社会中的宗教问题》，覃方明译，中国人民大学出版社2005年版。

［德］马克斯·韦伯：《宗教社会学》，康乐、简惠美译，广西师范大学出版社2014年版。

［德］玛克斯·德索：《美学与艺术理论》，兰金仁译，中国社会科学出版社1987年版。

［德］维蕾娜·卡斯特：《成功：解读童话》，晏松译，上海人民出版社2003年版。

［法］阿尔贝特·施韦泽：《对生命的敬畏：阿尔贝特·施韦泽自述》，上海人民出版社2008年版。

［法］罗兰·巴尔特：《符号学历险》，李幼蒸译，中国人民大学出版社2008年版。

［荷兰］简·布雷默、［荷兰］赫尔曼·茹登伯格编：《搞笑——幽默文化史》，北塔译，社会科学文献出版社2001年版。

［美］阿莱克斯·葛瑞：《艺术的使命》，高金岭译，译林出版社2015年版。

［美］阿萨·伯格：《通俗文化、媒介和日常生活中的叙事》，姚媛译，南京大学出版社2006年版。

［美］阿瑟·阿萨·伯格：《通俗文化、媒介和日常生活中的叙事》，姚媛译，南京大学出版社2000年版。

［美］弗洛姆、［日］铃木大拙、［美］马蒂诺：《禅宗与精神分析》，王雷泉、冯川译，贵州人民出版社1998年版。

［美］金白莉·帕顿、［美］本杰明·雷依主编：《巫术的踪影》，戴远方等译，中国人民大学出版社2005年版。

［美］比德·伯格、［英］格瑞斯·戴维、［英］埃菲·霍卡斯：《宗教美国，世俗欧洲？主题与变奏》，曹义昆译，商务印书馆2015年版。

［美］布鲁诺·贝特尔海姆：《童话的魅力——童话的心理意义与价值》，舒伟、丁素萍、樊高月译，社会科学文献出版社2015年版。

［美］大卫·雷·格里芬：《复魅何须超自然主义》，周邦宪译，译林出版社2015年版。

［美］戴维·利明、［美］埃德温·贝尔德：《神话学》，李培茱、何其敏、金泽译，上海人民出版社1990年版。

［美］P.蒂利希：《存在的勇气》，王作虹译，贵州人民出版社1998年版。

［美］丁乃通：《中西叙事文学比较研究》，陈建宪、黄永林、李扬、余惠先译，华中师范大学出版社2005年版。

［美］龚天民：《中国民间宗教信仰与基佛问题》，台北：校园书房出版社1992年版。

［美］凯萨琳·奥兰斯汀：《百变小红帽》，杨淑智译，台北：张老师文化事业股份有限公司2003年版。

［美］麦克斯·缪勒：《宗教的起源与发展》，金泽译，上海人民出

版社 2010 年版。

［美］佩顿：《阐释神圣：多视角的宗教研究》，许泽民译，贵州人民出版社 2006 年版。

［美］让－克里斯托弗·卡斯泰利：《少年派的奇幻漂流》，雷丹雯、范亚辉译，北京联合出版公司 2014 年版。

［美］斯蒂芬·贝斯特、［美］达格拉斯·科尔纳：《后现代的转向》，陈刚译，南京大学出版社 2002 年版。

［美］巫鸿：《美术史十议》，生活·读书·新知三联书店 2008 年版。

［美］休斯顿·史密斯：《人的宗教》，刘安云译，海南出版社 2001 年版。

［美］约瑟夫·坎贝尔、［美］比尔·莫耶斯：《神话的力量——在诸神与英雄的世界中发现自我》，朱侃如译，北方联合出版传媒（集团）股份有限公司，万卷出版公司 2011 年版。

［日］安野光雅：《天动说》，艾茗译，九州出版社 2016 年版。

［日］宫崎骏：《出发点（1979—1996）》，章泽仪、黄颖凡译，台北：台湾东贩股份有限公司 2010 年版。

［日］铃木大拙：《禅是什么》，张乔译，海南出版社 2016 年版。

［日］铃木大拙：《禅与日本文化》，钱爱琴、张志芳译，译林出版社 2014 年版。

［日］铃木敏夫：《吉卜力的风》，黄文娟译，上海译文出版社 2016 年版。

［日］妹尾河童：《窥视日本》，陶振孝译，生活·读书·新知三联书店 2007 年版。

［日］青井汎：《宫崎骏的暗号》，宋跃莉译，云南美术出版社 2006 年版。

［日］神崎洋治：《机器人浪潮》，黄笛译，机械工业出版社 2016 年版。

［日］源了圆：《日本文化与日本人性格的形成》，郭连友、漆红

译，北京出版社 1992 年版。

［瑞士］荣格：《分析心理学的理论与实践》，成穷、王作虹译，生活·读书·新知三联书店 1991 年版。

［匈］伊芙特·皮洛：《世俗神话——电影的野性思维》，崔君衍译，中国电影出版社 1991 年版。

［英］贝妮黛·华兹：《孤独的稻草人》，安喜帛译，长江少年儿童出版社 2014 年版。

［英］卡鲁姆·蔡斯：《人工智能革命》，张尧然译，机械工业出版社 2017 年版。

［英］凯伦·阿姆斯特朗：《神话简史》，胡亚豳译，重庆出版社 2005 年版。

［英］G. 墨雷：《哈姆雷特与俄瑞斯忒斯》（节选），载叶舒宪编选《神话——原型批评》，董衡巽译，陕西师范大学出版社 1987 年版。

论文

［日］佐藤忠男：《日本的战争电影》，《世界电影》2007 年第 2 期。

三　外文文献

Buchan Suzanne, *The Quay Brothers：Into a Metaphysical Playroom*, Minneapolis：University of Minnesota Press, 2011.

Jeff Prucher, *Brave new words：The Oxford Dictionary of Science Fiction.* London：Oxford University Press, 2011.

Sharalyn Orbaugh, "Frankenstein and the Cyborg Metropolis：The Evolution of Body and City in Science Fiction Narratives", In Steven T. Brown Edited：*Cinema Anime：Critical Engagements with Japanese Animation*, New York：Palgrave Macmillan, 2006.

Thomas Lamarre, *Coming to Life ——Cartoon Animals And Natural Philosophy*, *Suzanne Buchan*. Pervasive Animation, Routledge (Taylor &Francis Group), New York, 2013.

Tatsumi, Takayuki, *Full Metal Apache: Transactions between Cyberpunk Japan and Avant – Pop America*, Durham NC: Duke University Press, 2006.

后 记

首先，我要感恩中国人民大学哲学院的温金玉教授。2012年，我有幸聆听温老师讲授《解读〈金刚经〉》的课程。一别五载，音讯未通，有失尊礼。但是，2017年11月7日，当本书初见成型时，突然，我萌生了让温老师写序的想法。于是，当日我心怀忐忑地写了邮件，没想到第二天打开邮箱，竟然收到了回复。温老师在给予我鼓励的同时，要求先看书稿，再将作序。顿时，我心花怒放。温老师对于本书稿进行了精细的审校，并提出了修改建议，如增加国外研究资讯，增添日、韩、欧美的最新研究成果等，可以说，都是金玉良言。

其次，我要感恩我的博士生导师、中国艺术研究院影视艺术研究所的丁亚平教授。在攻读博士学位期间，丁老师总是鼓励我做学问应该深究传统文化的源流，要做踏实的学问。由于我生性愚钝，缺乏学术根基，丁老师经常对我耳提面命，培养了我治学的素养，金针度人，将我领进了学术的殿堂。即使毕业了，我遇到了学术的烦恼，上门求教，丁老师总是释疑解惑，激励我前行。

我还要感恩给予我帮助的中国传媒大学动画与数字艺术学院院长黄心渊教授，他给我创造了很好的埋首书斋的条件；感恩路盛章、贾否、张骏等老师，感恩他们对我的鼓励与引导。我也感谢我的妈妈，一位山东老太太，用自己的肩膀挑起了家庭生活的重担，她的善良、乐观与坚韧，润泽了我的心灵。

再次，我还要向金宏荣先生致谢，他在我2017年从敦煌到嘉峪关、从酒泉到武威寻访佛教文化的旅程中，给予了我热情的支持与帮助。

2017年7月28日自北京出发，到达敦煌已经是7月30日。这是我第一次朝拜敦煌，第二次到达西北。在敦煌的第一夜，夜晚9点多，依然是阳光明媚，我有些不适应。与北京两个小时的时差，足以显示祖国的地大物博。在敦煌看了佛教壁画的胜迹莫高窟形态各异、声情并茂的壁画，别有洞天。鸣沙山，是三面环高耸的沙山，一面沙山低矮一些，是风口。就在这个沙山谷地，有一汪绿水，是一处与风沙博弈了千年而没有消失的奇迹。鸣沙山不远处，坐落着延续自晋代的雷音寺。这座延续晋代历史的寺庙，曾经荒败，如今，在继续拓建，雄伟的、仿照唐代建筑风格的大殿，翘然伫立。

随后，我们又驱车到了瓜州，经过了中国最大的高地荒漠后，看了榆林石窟。在观瞻了徐向前题词的"西路军最后一战"纪念塔后，离开了瓜州，一路东行。艳阳高照，绵延不绝的祁连山，以及山脚下的荒漠，一路伴行。荒漠上，没有任何生命的绿色，只有偶然入眼的一团骆驼刺。这种蒺藜草，又名风滚草，干旱时节会枯萎成黄，与黄沙同色。稍有雨水，就立刻身染绿色。其顽强的生命力，令人叹服。而且，因为根系短，它可以随风迁居，有时是身不由己的，但这种随风漂泊，也许也是在寻找生机。虽说"人挪活、树挪死"。但是，风滚草，则是在适应残酷的自然环境而倔强、乐观的求生。这是中国文化之所以绵延不绝的内在品性。

到了嘉峪关，我们看到了嘉峪关古城。尽管是后人修建，但是，登上古城墙，远眺山顶皑皑的雪峰，以及城墙下的绿色，我惊叹于城墙的浑厚与高耸，追想着古人的生命力及戍边将士的彪悍与倔强，血染疆场的壮怀激烈，多少生死瞬间在此上演。嘉峪关，是万里长城的最西端。汉唐都城长安，与西域国家曾经如此接近，还要面临匈奴等北部游牧部落的侵袭，战争纷起，天灾人祸，民众生命的脆弱，可想而知。所以，蒂利希的《生存的勇气》一书的标

后 记

题,确实标举了佛教的救世性。这是当时的数位高僧披肝沥胆地远行到天竺取经的使命根源。其实,由于含铁矿,祁连山连年雨水冲刷,已变得黝黑。但它也不是一直板着面孔。来一片云,就呈现"青海长云暗雪山"的奇观,头顶的云,有时候,不是一块黑布,而是宛如一滴墨汁跌入水中后,幻化为丝纱或者烟云。而且,不同的地段、山体,可能呈现暗黄、暗红、暗黑等,映衬着黄绿的庄稼地带、"草色遥看近却无"的杂草丛生的荒野、沙丘起伏的灰色,不断给人以节奏般的调剂。即使是一马平川,也会因为远处的一棵树,给人一个惊喜。最奇妙的是,祁连山山体与峰峦走势,不是刺人的山石,或者拒人千里,而是无论你站在任何角度,都有容身之处。当然,这种山峰与山石的宽容,是千百年来风雨雷电等自然伟力的雕刻与洗刷所致。也许,这种山势,是一种自然的义理,无论和风细雨还是风雨雷电,都是一种承受痛苦后的宽容。

过了嘉峪关不久,日暮低垂,我们进入了酒泉。酒泉的繁华、灯火辉煌、车水马龙,让我洗脱了戈壁的沙尘。真正感受到了沙漠、戈壁的荒凉与凶险。尽管高速路在戈壁上穿越而过,尽管有车辆不断穿行,但是,站立在戈壁上的饥渴、干热及孤独、恐惧,与高僧当年的险峻,又怎能相比呢?

到了酒泉的第二天清晨,我前往武威。当乘坐出租车到酒泉市外十几公里的酒泉火车站时,我抬头一望,竟然看到了山峰,白雪皑皑。当地人的饮水都是经年融化的雪水,雪水还浇灌着良田沃土。与瓜州一样,酒泉也是一个大型的绿洲,不知道,那些去西天取经的高僧们,是否享受到了绿洲的馈赠。

从酒泉到武威,二百多公里的路途上,又是间隔着戈壁与小型的绿洲,散落着一些泥巴护墙的农家宅院。铁轨铺在半山腰上,铁路下方的沙滩,依托山势,也是起伏错落。沙滩上低洼处,被夏季的山洪冲刷成了简易的河床,两边的沙岸造型流畅、奇异,很多植物,也是逐水而居。随着火车的前行,黄色的山脊、绿色的谷底,有韵律的后移着。欣赏着美景之时,我亦慨叹:高僧们遇到泥石流的时候，其惶恐，又该何等的激烈呀。

  到了武威，我立即打车到了鸠摩罗什寺。该寺大门口的气势与精美，就已经让我惊叹。灰色的砖雕与琉璃的陶瓷，真是富丽堂皇。进了大门，转过来是千手观音像，正对着的是一束古塔，即鸠摩罗什古塔，这是唯一幸存的古迹，其他的恢宏建筑，都是众人捐资复建而成的。来时错过了开放时间，第二天我再来观瞻大师的塑像，阅读环绕墙壁的有讲解字句的画卷时，仍然心潮起伏。

  书稿的梳理，还有很多的疏漏之处，而且，毕竟是雾里看花，勘误和粗陋一定散见多处。终因笔者力所不逮，难以订正，特此致歉。

  最后，我还要感谢中国社会科学出版社的郝玉明编辑，是她的辛勤工作，让本书在经历了种种挫折之后，得以出版。

张启忠

2019 年 2 月 27 日